Hans-Uwe L. Köhler

Ich dachte immer, ich könnte fliegen

Hans-Uwe L. Köhler

Ich dachte immer, ich könnte fliegen

Das Leben der Ida Lüth

GABAL

Bibliografische Information der Deutschen Nationalbibliothek

Die Deutsche Nationalbibliothek verzeichnet diese Publikation in der Deutschen Nationalbibliografie; detaillierte bibliografische Informationen sind im Internet über http://dnb.d-nb.de abrufbar.

ISBN 978-3-86936-046-1

Lektorat: Christiane Martin
Titelentwurf: Martin Zech Design, Bremen
Titelfoto: Ute Rolfs-Sönnichsen
Fotos: privat
Satz und Layout: Das Herstellungsbüro, Hamburg
Druck: Salzland Druck, Staßfurt

Für Elke Kalisch

Prolog

In Nordfriesland tragen viele Menschen neben regulären Vor- und Familiennamen häufig einen weiteren Namen. Dieser zweite Name gibt ihnen Gewicht, soll sie beschweren, damit der Wind des Vergessens sie nicht mitreißt. Und in den Geschichten leben diese Menschen tatsächlich weiter, solange man eben Geschichten erzählt.

Ida-Christine Hinrichsen wurde Ida Lüth genannt, nach dem Vornamen ihres Vaters Lütge Hinrichsen. Ihre Geschichte beginnt im März 1921 und erzählt das ungewöhnliche Leben einer Frau, die nie in einem Dorf leben wollte.

Wer die Insel Sylt besuchen will, kann fliegen oder direkt mit dem Zug fahren. Auch die Fahrt mit dem Auto ist möglich. Spätestens in Niebüll wird jedoch jedes Auto auf den Zug nach Sylt verladen. Die doppelstöckigen Transportwaggons rollen durch weite Wiesen und einige Maisfelder bis Klanxbüll und von dort in einer leichten Linkskurve auf den Hindenburgdamm zu. Wer an dieser Stelle seinen Blick rechts hinaus nach Norden wendet, kann in einiger Entfernung einzelne Gehöfte sehen. Dieser Ort heißt Rodenäs. Wobei der Begriff »Ort« für diese Streusiedlung nicht zutreffend ist; Rodenäs ist der Name der Gemeinde und der Kirche, die teilweise aus den Resten der Rickelsbüller Kirche errichtet wurde, die 1615 mitsamt ihrem Dorf in einer Sturmflut unterging. Die Kirche, ohne Turm und Orgel, wurde bereits um 1200 n. Chr. aus Ziegeln erbaut und innen weiß gekalkt.

2. März

1921

»Ut. Vorbii. Dod!« »Das Kind?« »Ne, Lütge, diin Fruu is dod!« Fassungslos sah Lütge Hinrichsen die Hebamme an, die sich gleichzeitig mit dem Unterarm den Schweiß von der Stirn wischte. Er drückte sich von seinem Stuhl hoch, sah noch auf dem Herd den großen Wasserkessel und betrat die kleine Kammer. Blutige Tücher auf Bett und Fußboden und seine Frau in einem völlig verschwitzten Hemd notdürftig zugedeckt. All das nahm er nicht wirklich wahr, er sah nur ihr Gesicht, gezeichnet von Anstrengung und Erschöpfung. Es war ihre sechste Geburt.

Hinrichsen setzte sich an das Bett seiner Frau Anna, nahm ihre Hand und hoffte den kleinen Druck zu spüren, der ihm sagen würde, dass da noch Leben ist. Er hob die buschigen Augenbrauen ein wenig an, so, als wollte er seine Frau ermuntern, etwas zu sagen. Hoffte er wirklich auf eine Antwort? Er selber blieb stumm. Viel war da ja nicht mehr zu sagen. Und dann legte die Hebamme ihm das kleine Bündel in die Hände. Er hob den Kopf und brauchte die Frage nicht zu stellen. »Ein Mädchen. Gesund«, sagte sie.

Am nächsten Tag ließ der Kätner Lütge Hans Hinrichsen vom Standesbeamten Christian Nissen die Geburt seiner Tochter eintragen. Sie erhielt die Vornamen Ida-Christine.

Sommer

1925

Ida Lüth lag auf ihrem schmalen Rücken mitten im Heu. Ihr leichter Körper hüpfte auf und ab. Immer wenn die Räder des schweren Ackerwagens von einer Wagenspur in eine andere Rille des ausgetrockneten

Weges sprangen, gab es einen kräftigen Stoß durch das Heu. Sie hatte das Gefühl, nach oben gefedert zu werden und dabei ganz leicht zu sein. Ihr Vater ging neben dem klobigen Leiterwagen her, ermunterte mit knappen Worten die Stute und den Wallach. Schaukelnd und ruckelnd ging es über die Kleiewege nach Rodenäs zurück.

Sie sah nach oben und hatte dabei das Gefühl, den gesamten Himmel sehen zu können. Der Wind trieb die Wolken. Oder zogen die Pferde das Fuhrwerk unter den Wolken hindurch? Nein, dazu waren sie zu langsam. Vielleicht war es auch ganz anders, vielleicht drehte sich die Erde unter den Wolken durch? Ja genau, die Welt raste vor sich hin, und die Wolken standen still. Ida Lüth träumte von einer fliegenden Erde und stellte sich vor, wie es wäre, wenn man auf einer Wolke sitzend jetzt diesem kleinen Bauernmädchen auf dem Heuwagen zusehen könnte.

Auf einmal hörte das Ruckeln auf, und das feine Klicki-Di-Klack der Eisenfelgen machte deutlich, dass jetzt das Fuhrwerk auf dem Ziegelweg unterwegs war. Nur noch eine kurze Zeit und sie würden den Hof Markhäuser erreichen. Unter kräftigem Anfeuern zogen die Pferde das Fuhrwerk die Rampe zur Warft hinauf und blieben vor der Heuluke stehen.

Lütge Hinrichsen rief zu seiner Tochter: »Ida – kumm!« Das kleine Mädchen rutschte an den Rand des Heues und sprang unvermittelt vom Wagen. Gerade noch rechtzeitig erwischte ihr Vater den schmächtigen Körper mit seiner Armbeuge, drückte reflexartig das kleine Mädchen an sich und setzte sie mit den Worten ab: »Pass up!« Ida Lüth lachte und rief: »Hebbt ihr seen? Ik bün in euer Arms flogen!« Lütge Hinrichsen schüttelte unwillig seinen Kopf.

April

1926

Der anfallende Stallmist wurde direkt vor dem Hof am Hang der Warft gestapelt. Um mit der Mistkarre auf den Haufen fahren zu können, hatte Lütge Hinrichsen Bohlenbretter so gelegt, dass sie direkt von der Stalltür auf den Misthaufen führten. Durch die Hanglage war dieser Weg fast eben, führte aber am Ende des Misthaufens in eine beachtliche Höhe. Der häufige Regen hatte die Bohlen glitschig werden lassen.

Mit weit gespreizten Armen ging Ida Lüth vorsichtig über diese schmalen Bretter bis an die Kante des Misthaufens. Dort, vielleicht drei Meter über dem Boden, sah sie in den Himmel. »Ob ich fliegen kann?«, fragte sie sich. Die Schwalben, die im Stall ihre Nester gebaut hatten, die Möwen, die vom nahen Meer her kamen, zeigten doch, wie leicht Fliegen ist. »Wenn Mama im Himmel ist, dann kann Mama auch fliegen.« Sie stand da, die Brise von der nahen Nordsee spielte mit ihrem Kleid, und sie versuchte den Wind zu spüren, besser, ihn zu fassen.

Noch nie hatte sie einen Menschen fliegen sehen. Also musste sie selbst herausfinden, wie man fliegt. Sie versuchte, vorsichtig zu hüpfen. Die Bohle gab nach, und voller Schreck ging sie in die Hocke. Also ein zweiter Versuch. Wieder hüpfte sie in die Höhe, jetzt aber auf die Holzbohle achtend. Sie stand sofort wieder auf beiden Füßen. »Du musst noch höher hüpfen!«, ermunterte sie sich.

Hüpfen war noch nicht Fliegen. Sie hatte bei Schwalben gesehen, dass diese sich vom Rand des geklebten Nestes einfach nach vorne abstießen. Die Schwalben hüpften nicht.

Ihr Blick, am Rande des Misthaufens stehend, ging nach unten. Dort sah sie die schwarze Pfütze, in der sich die

Flüssigkeiten sammelten, die aus dem Gemisch von Kot und von im Stroh gefangenem Urin entstand. »Gottegott, wenn ich da reinfalle!«

Was sagt man dazu, wenn ein fünfjähriges Mädchen auf einem Misthaufen steht, ihre dünnen Arme ausbreitet, hüpft und mit einem einzigen Flugversuch nach vorne stürzt und dann in einer Jauchepfütze aufschlägt?

»Du bist ein dummes, ungezogenes Kind!« Das war der Kommentar der Haushälterin Dora Hasselbrink. Und jetzt stand sie da, stinkend, in einem dreckigen Kleid, frierend, und war gleichzeitig so peinlich berührt!

Dora nahm die kleine Zinkwanne, stellte sie vor die Nordertür und sagte zu Ida Lüth: »Los, zieh dich ganz aus, mach schon!« Sie nahm zwei Eimer und lief zum nahen Wassergraben, um die Eimer zu füllen. Dora stellte das Mädchen in die Wanne und goss ihr zunächst den vollen Eimer über den Kopf. Mit Seife rubbelte sie dann den schlanken Mädchenkörper ein und spülte immer wieder mit Wasser nach. Ida Lüth kriegte kaum Luft. Sie schrie bei jedem Wasserguss, wimmerte und zitterte. »Ab ins Bett!« Und das mitten am Tag.

Ida Lüth war empört! Sie konnte nicht fliegen, gut, das konnten andere Menschen ja offensichtlich auch nicht. Aber sie lieblos abzuschrubben, sie als dumm und ungezogen zu bezeichnen, sie ins Bett zu stecken, das war nicht in Ordnung. Aber ihre Mutter, die war im Himmel, die konnte doch fliegen! Ihr Wunsch, von hier wegzukommen, war so stark wie nie zuvor. Nur das mit dem Fliegen, das würde wohl nicht gehen.

Ida Lüth ahnte nicht, dass sie noch oft auf dem Misthaufen stehen würde, um vom Fliegen zu träumen.

August

1928

Das anthropologische Institut aus Kiel führte an alten friesischen Familien Körpermessungen durch.

So wurde für den Kätner Lütge Hinrichsen eine Körperlänge von 174,4 cm festgehalten. Und mit 179 cm war Bonke Heinsen der Größte aus den alten Familien. Natürlich wurde der Besuch der Wissenschaftler ausführlich in Rodenäs besprochen und über die Messergebnisse und ihre Bedeutung diskutiert.

Ida Lüth glaubte seit diesem Ereignis, dass die Intelligenz eines Menschen direkt an der Höhe seiner Stirn abzulesen sei; im Übrigen deuten zusammengewachsene Augenbrauen auch auf einen schlechten Charakter hin.

Sommer

1931

Das Küchenfenster öffnete den Blick nach Norden. Direkt unter dem Fenster war das Spülbecken aus blaugrauem gesprenkeltem Steinzeug. Beim Abwaschen sah Ida Lüth die dänische Grenze. Sie war ihr nicht fremd und machte auch keine Angst. Es war vielmehr das Ende der Wiesen von Rodenäs. Auf der anderen Seite des alten Deiches, der hier die Grenze bildete, wuchs das Gras weiter, fiel derselbe Regen und der Wind trieb die Wolken, ohne sich um irgendeinen Zaun zu kümmern.

Wenn sie nach links schaute, dann konnte sie die Häuser der Zöllner sehen. Sie wusste aus dem Religionsunterricht, dass Zöllner wenig geachtete Menschen sein mussten. Auch in Rodenäs mochte sie niemand. »Zöllner kommen nicht von hier!«, hatte ihr harsch der Vater erklärt. Und mit den Kindern von dort wird nicht gespielt. »Sie sollen unter sich bleiben, keinen Kontakt zur Bevölkerung herstellen. Schließlich sollen sie die Grenze bewachen und den Schmuggel verhindern.«

Hinter den Häusern der Zöllner war die Linie des Deiches zu erkennen. Eine entscheidende Grenze, denn die Weite der Nordsee war ihr keine Verheißung – nur Grenze.

Ihr Vater saß auf seinem Platz am Küchentisch und rasierte sich. In einem kleinen Becher mit Emailleglasur war warmes Wasser. Da rein tauchte er seinen Rasierpinsel, kegelte damit dann um den Seifenstift, um schließlich sein Gesicht mit den Bartstoppeln einzuseifen, bis das gesamte Gesicht hinter einer weißen Schaummaske verschwand. Es war ein leises Knistern zu hören, wenn die Rasierklinge unter dem Schaum die Bartstoppeln rasierte. Ihr Vater verzog dabei sein Gesicht so ulkig, dass sie lachen musste. Sie liebte diesen Augenblick der sonntäglichen Rasur. Beim Rasieren war ihr Vater nicht so mächtig, er wirkte fast ein wenig verletzlich.

»Daite, warum trage ich den Namen meiner toten Schwester?«

Die Haushälterin Dora Hasselbrink knurrte: »So was fragt man nicht!«

»Din Modder un ik, wie hebt din Schwester so vermisst, se wör man ja grade acht Johr alt. Un als du twee Johr später op die Welt kummen büst, da wör dat erst wie en Geschenk Gottes. Doch din Modder hett dat nich överlebt. Du bist bleven.«

»Mine Schuld?«

»Vielleicht – aber egentlich weest du daför to lütt. Ick denk oft, de Pris wor to hoch. Wat wet ick, watt Gott sich dobi dacht hett.«

»Un – bün ick wie min Modder oder wie min Süster?«

»Ne, anners. Wie soll ik seggen, du bist wohl lustiger.«

»Laut und Lachen – doch den Vogel, der am Morgen singt, den holt am Abend die Katz!«*

Das war Dora. Sie konnte mit einem einzigen Satz eine Stimmung verbreiten, als läge der regenschwere Himmel direkt auf dem Boden von Rodenäs. Ida Lüth kriegte kaum mehr Luft. Sie verstand nicht, weshalb ihr Vater, den sie auf Wiedingharder Friesisch Daite nannte, diese Frau in seinem Haus duldete.

Es war ein Schock für Hinrichsen gewesen, als seine Frau bei der Geburt von Ida Lüth starb. Und er stand da mit seinen Kindern. Drei Jungs, ein großes Mädchen und dann eben dieses Baby. Er brauchte Hilfe und konnte nicht wählerisch sein.

---

* *Wenn Sie mögen, hier der Dialog in Wiedingharder Friesisch: »Daite, wirfoor hiitj ik jiter min duid söster?« Es hüshuuiler Dora Hasselbrink knord: »Süwat fraaget hu mai!« »Din määm än ik, wi hääwe din söster sü fole eeri mäst, jü was je man jüst aacht iir uuil. Än as dü tou iir läärer ääwe e wraal kumst, dir was dat iirst as en goowe fuon Guod. Män din määm hjit dat ai aarlääwed. Dü bäst blääwen.« »Min skjil?« »Filicht – män intlik würst dü dirfoor to lait. Ik tank oofte, di pris was huuch. Wät wiitj ik, wät Guod häm dirbai toocht hjit.« »Än – bän ik as min määm onter as min söstier?« »Noan, oors. Hün skäl ik sjide, dü bäst will löstier.« »Luut än laaken – män di föögel, dir äm mjarnem schongt, di hoalt äm jinem e koat!«*

März

1932

Ida Lüth musste wie alle Kinder bei Tische stehen. Das war so üblich. Erst durch die Konfirmation wurde man Erwachsener und durfte sitzen. Sie löffelte still ihre Grütze.

Sie hörte ihren großen Bruder Peter sagen, dass er den Hof und Rodenäs verlassen wolle. »Vater, ich finde als Maler keine Arbeit. Weder hier in Rodenäs noch in Niebüll oder anderswo. Die Zeiten sind nicht gut. Und der Hof ist zu klein, als dass wir alle satt kriegen.« Waren sie arm? War es möglich, dass der Bauer und Bürgermeister seine Familie nicht ernähren konnte? Ida Lüth konnte sich das nicht vorstellen.

»Was willst du tun?«, fragte der Vater.

»Ich gehe mit Peter Mommsen nach Flensburg. Er hat gehört, dass man sich da in den nächsten Tagen für die Polizei bewerben kann.«

Lütge Hinrichsen überlegte kurz: ein Esser weniger. Er hatte noch zwei Söhne, die sich um den Hof Markhäuser kümmern konnten. »Gut«, sagte er. »Du bist noch nicht volljährig. Ich richte deine Papiere.«

Für Ida Lüth war Flensburg eine richtig große Stadt. Sie wusste das, weil ihre Schwester Marie-Sophie dort eine Anstellung hatte. Zu ihr hatte Ida Lüth wenig Kontakt, sechs Jahre Unterschied sind viel, wenn man erst einmal das Elterhaus verlassen hat. Und jetzt wollte oder musste also ihr großer Bruder auch Rodenäs verlassen. Mit dem Zug nach Flensburg fahren, um dort vielleicht Polizist zu werden! Ihr kleiner Stolz überdeckte den Kummer, dass Peter Hinrichsen sie verlassen würde. Gleichwohl, Flensburg war ja noch Schleswig-Holstein.

Vor dem roten Backsteinbau auf dem Kasernengelände drängelten sich junge Männer. Es waren mehr als 300, die sich registrieren lassen wollten. Die meisten hatten außer einem kleinen Beutel nichts dabei. Sie wussten auch nicht, was genau geschehen würde. Sie wussten nur, dass sie als Handwerker oder Bauernsöhne keine Chance in Friesland, Angeln oder Dithmarschen hatten. Deshalb ihre Hoffnung, etwas in der Ferne zu finden.

Es herrschte Kommandoton, der Ton, der sie in den nächsten zwei Jahren begleiten sollte. Die Auswahl ging systematisch vor sich. Erster Tisch: Vorzeigen eines Ausweises oder einer Geburtsurkunde. Keine Papiere? Raustreten und die Kaserne verlassen. So einfach.

Dann körperliches Vermessen. Nur die Größe. Hundertzweiundsiebzig Zentimeter waren gefordert. Und kein Millimeter weniger. So mancher streckte sich voller Verzweiflung. »Zu klein!« war ein weiteres Urteil, das keinen Spielraum zuließ. Peter Hinrichsen hatte mit 192 cm davor keine Angst.

Dann zur dritten Station, zum Arzt. Einfache Vorhänge versuchten nicht einmal, eine Intimsphäre zu schaffen. »Ausziehen!« Der Arzt tastete und klopfte den Körper des 20-jährigen Mannes ab, ohne sein Gesicht zu verziehen. Dann das Abhorchen der Lunge. Er stutzte. Wiederholte den Vorgang. Fragte nach Befinden und zurückliegenden Erkrankungen. »Ich bin gesund!«, behauptete Peter Hinrichsen. »Ihre Lunge singt mir ein anderes Lied! Ziehen Sie sich an und warten Sie da drüben.«

Peter Mommsen sah ihn an und erkannte, dass es Schwierigkeiten gab. Er fragte: »Was ist?« Ratlosigkeit im Blick von Peter Hinrichsen. Mommsen zischte ihn an: »Los! Stell dich hier zu uns! Mach schnell! Kein Wort!« Beim späteren Zählen war einer zu viel. Da aber noch keine Listen erstellt waren, ließ sich der Mann nicht finden. Vielleicht hatte man sich auch nur verzählt. Was spielte das schon für eine Rolle.

Die Postkarte kam viele Tage später. »Sie haben mich genommen. Ich bin jetzt in Berlin. Peter.« Ida Lüth sollte ihren großen Bruder erst in einigen Jahren wiedersehen.

Herbst 1933

Der Bürgermeister hatte Ida Lüth den Weg erklärt. Nach Ophusum laufen, über eine Wegekreuzung rüber. Rechts würde sie dann eine rot-grüne Scheune sehen und dann vielleicht noch einen halben Kilometer, dann stünde auf der linken Seite ein kleines Haus. Dort sollte sie die Haushaltsliste hinbringen.

»Hör zu, du erklärst den Leuten, dass sie angeben müssen, wie viele Menschen in ihrem Haushalt leben. Dazu, wie viele Kühe, Pferde, Schafe und Schweine sie haben. Ach, auch Hühner, aber ohne Hahn. Wenn die Leute Hilfe beim Schreiben brauchen, dann hilf ihnen.«

Es war das typische kleine Haus von Tagelöhnern. Sie ging durch die offene Stalltür in die kleine Tenne. Im Halbdunkel konnte sie einen Schweinekoben entdecken, in dem eine Sau lag, getrennt durch ein halbhohes Brett vom übrigen Stall. Direkt neben dem Schweinekoben war die Küchentür. Ida Lüth klopfte kurz und trat dann ein. Niemand hier verschloss seine Türen.

In der kleinen Küche saß Elly Feddersen auf einem Hocker, tief in ein Gebet versunken. Ida Lüth blieb vor Ehrfurcht stehen. Was war hier los? Dann die leise Frage, ohne den Kopf zu heben: »Wer büst du?« »Ida Lüth.« »Gut.« Sie betete weiter. Dann sagte sie: »Er ist nun nicht mehr, willst ihn sehen?« Diese kleine, dürre Elly nahm Ida bei der Hand und trat durch eine ebenfalls kleine Tür in eine Kammer, die noch kleiner als die Küche war. Dort lag ihr Mann.

Ida Lüth stand völlig erstarrt vor dem Bettgestell. Sie sah ihren ersten Toten. Sie war erstaunt darüber, dass das Gesicht des Toten auf sie so schön wirkte. Elly hatte ihrem Mann ein biesenverziertes Totenhemd angezogen. Wo hatte sie das nur her? Tagelöhner ersparten sich rechtzeitig ein Totenhemd? Die alte Elly betete wieder, nahm Ida Lüth erneut bei der Hand und beide verließen rückwärtsgehend voller Respekt die Kammer.

»Warum bist du gekommen?«

»Der Bürgermeister schickt mich. Es geht um eine Haushaltsliste. Die Regierung will wissen, wie viele Menschen in den Häusern leben und wie viele Tiere gehalten werden.«

»Ach, Kind!« Es war wirklich nicht der Augenblick, um nach der Zahl der Bewohner zu fragen. Elly war jetzt allein mit einem Schwein.

Ida Lüth flüsterte: »Ich fülle die Liste dann wohl mal besser mit dem Vater aus.«

Der Bürgermeister von Rodenäs hörte sich den Bericht seiner Tochter an und sagte dann: »So, der alte Feddersen ist tot. Und du meinst, Tiere sind da auch nicht mehr? Da wird der Herr Reichswirtschaftsminister wohl verzichten müssen.«

Februar

1934

Bevor der Wecker klingelte, knackte er ganz kurz. Bereits da wachte Ida Lüth auf. Fünf Uhr morgens und das jeden Tag. Ihre kleine Kammer lag genau über der Südertür. Obwohl der Wind auf der Westseite des Hofes lag, war es bitterkalt. Die Steine, die sie am Abend aus dem Backofen genommen und an das Fußende gelegt hatte, waren inzwischen ausgekühlt. Aber immerhin hatten sie geholfen, dass das Laken und die Zudecke nicht so klamm wurden.

Und wieder war da dieses Ziehen in ihrem Leib. Sie konnte sich immer noch nicht damit abfinden, dass das nun in jedem Monat so sein sollte. Als es das erste Mal war, war sie völlig überrascht und meinte, sie hätte etwas verkehrt gemacht. Die Erklärungen von Dora waren wenig hilfreich; das sei eben jetzt so. Und ihrem Vater bräuchte sie das erst gar nicht zu erzählen, denn darüber spricht man nicht.

Sie schlüpfte in ihr Leibchen und merkte beim Einhängen der kleinen Drahthäkchen, dass dieses schwere Leinentuch sich nur mit Mühe um ihren Brustkorb drücken ließ. Schließlich hatte sie es geschafft und hängte die langen, dicken Wollstrümpfe an die Strumpfbänder. Unterrock, Überrock und Stallschürze folgten. Dann band sie ihre strohblonden Haare geschickt zu einem Dutt, schlang das Kopftuch eng um die Stirn und ging direkt in den Stall.

Vor der Milchküche standen ihre Holzschuhe. Sie quetschte ihre Füße mit den dicken Strümpfen hinein. Dann folgte ein kurzer Griff zum Melkschemel, den sie sich um das Becken band. So konnte sie auf dem einbeinigen Schemel an jeder Kuh sitzen, aufstehen und herumgehen, ohne jedes Mal einen Hocker umsetzen zu müssen. Der

Melkeimer hing kopfüber an seinem Platz. Beim Herunternehmen schlug der Kannenbügel auf das Metall, und nichts konnte typischer klingen und damit das morgendliche Melken einläuten.

Im Stall brannte eine einzige Petroleumlampe.

»Moin, Moin, Daite!«

Ihr Vater antwortete mit einem lang gezogenen »Moin, Deern.«

Auf einem kleinen Mauervorsprung stand die Dose mit Melkfett. Mit zwei Fingern nahm sie sich eine Portion heraus, um ihre Hände und dann die Zitzen des Euters der ersten Kuh einzureiben. Sie schob durch das verdrückte Stroh den Eimer unter das Euter, ließ jedoch die Tropfen der ersten Melkzüge nach links wegspritzen und molk dann in festem Rhythmus die Kuh. Die Melodie der Melkzüge begann hell und blechern, wenn die ersten Tropfen auf den blanken Eimerboden auftrafen, und wurde dann immer dunkler und sahniger.

Ida Lüth drückte ihren Kopf in die weiche Flanke der Kuh, wobei ihr Kopftuch sie vor dem direkten Kontakt schützte. Aber sie roch natürlich die warme Milch, sie roch diese Kuh, den ganzen Stall. Und sie hasste dieses Gemenge von Mist, Urin, Heu und Milch!

Sechs Kühe musste sie melken. Sechs Mal füllte sich der Eimer. Und sechs Mal träumte sie davon, dass in ihrem Leben das Melken von Kühen nur eine Jugenderinnerung blieb.

Sie schleppte die Eimer in die Milchküche, goss die frische Milch über ein Tuchsieb und beobachtete, wie die Milch in einem weichen Strudel in die Milchkanne floss. Am frühen Vormittag würde Martin Sönnichsen mit seinem Fuhrwerk kommen, die Kannen aufladen und nach Klanxbüll in die Meierei bringen. Auf dem Rückweg brachte er die bestellten Lebensmittel vom Kaufmann mit.

Zum Frühstück hatte Dora Kartoffeln gebraten und ein Stück Brot mit Marmelade bestrichen.

Es war dunkel, als sie den Hof verließ. Der eisige Wind schlug ihr direkt ins Gesicht. Sie drehte den Kopf weg und lief die zwei Kilometer zur Schule. Der Kleieweg war gefroren und glatt, sodass sie mit ihren Holzgaloschen hin- und herschlingerte. Es war eben ein ganz normaler Tag.

1. April
1935

Der Westwind trieb Ida Lüth auf ihrem Fahrrad vor sich her. Sie rollte nach Süderlügum. Dieser Montag war der erste Tag auf der Hauswirtschaftsschule, auf der sie ihr Vater angemeldet hatte. Alle Bauernmädchen gingen auf diese Schule. Die Direktorin begrüßte ihre neuen Schülerinnen mit einer kurzen Rede, in der sie die wichtigsten Regeln erläuterte und das Ausbildungsziel für die nächsten zwei Jahre klarstellte: »Ihr werdet hier all das lernen, was ihr später einmal können müsst, wenn ihr entweder einem Bauern den Haushalt führt oder wenn ihr selbst Mutter und Bäuerin seid.«

Der Entschluss von Ida Lüth stand fest: Wenn sie den Besuch dieser Schule schon nicht vermeiden konnte, dann sollte wenigstens das hier Gelernte ihr helfen, Rodenäs zu verlassen. Sie musste hier weg! Und einen Bauern heiraten, das käme überhaupt nicht infrage. Allein, dass so etwas von vornherein unterstellt wurde, machte sie wütend!

April

1936

Seit einem Jahr radelte Ida Lüth täglich nach Süderlügum und nachmittags zurück. Heute war etwas Besonderes geschehen: Sie hatten in der Schule Besuch bekommen. Eine Funktionärin vom »Bund Deutscher Mädel« hatte in begeisterten Worten von den Möglichkeiten und Zielen dieser Organisation gesprochen und für die Mitgliedschaft geworben. Das entscheidende Stichwort war, reisen zu können. Der BDM veranstaltete Gruppenfahrten! Sie könnte Deutschland kennenlernen und später vielleicht Teile Europas! Was für eine Perspektive! Davon musste sie ihrem Vater erzählen.

Ihre Brüder Jens und Christian knufften sie in die Seite. Sie lachte hell auf, was sofort einen strafenden Blick von Dora nach sich zog.

»Heute hatten wir Besuch in der Schule. Aus Leck war eine Frau vom Bund Deutscher Mädel gekommen. Mir hat das sehr gefallen.«

»Was hat sie denn erzählt?«

»Dass man sich einmal in der Woche trifft, um zu lernen. Dass die deutsche Jugend einen Beitrag zur Erreichung der großen Ziele der Partei beitragen kann und soll. Und dass dabei die Aufgaben der Mädchen und später der modernen Frau eine zentrale Rolle spielen. Ich habe gar nicht gewusst, dass dem Führer das alles so wichtig ist!«

»Es gibt keine NS-Organisation, wo eine Hinrichsen was zu suchen hat«, sagte ihr Vater tonlos.

»Warum denn nicht? Alles, was ich dort lerne, kann ich gut gebrauchen! Und außerdem machen die Wanderfahrten. Ich würde endlich aus Rodenäs rauskommen!«

»Dazu ist immer noch Zeit! Du bist noch zu jung!«

Die 15-jährige Ida Lüth beim Gröppelspringen

»Bin ich nicht! Man kann da schon mit 14 eintreten, und ich bin jetzt sogar 15!«

»Widersprich deinem Vater nicht!«, fuhr ihr Dora über den Mund. Damit war die Diskussion beendet. Ihre beiden Brüder nickten.

November
1936

Sie kamen mit einem Kübelwagen, braungrün. Der Fahrer blieb im Wagen, während die drei Insassen auf die Südertür zueilten. Ihr Gehtempo hatte diese lächerliche Geschwindigkeit von Wichtigkeit. Das Stakkato ihrer metallenen Schuhabsätze wäre auf Sand verstummt, in dem kleinen Garten zur Südertür lagen jedoch Steinplatten. Vielleicht machten ihnen diese Klopfgeräusche Mut oder berauschten sie mit Macht.

Ihr energisches Klopfen blieb zunächst ungehört. »Gehen Sie mal rum, Mann, vielleicht ist dieser Bauer ja im Stall!« war der Marschbefehl für den jüngsten dieser drei. Kaum war der SA-Mann seitlich am Haus Richtung Dielentor verschwunden, öffnete Dora die Tür mit einem völlig desinteressierten Gesichtsausdruck. Das hatte überhaupt nichts damit zu tun, dass sie nicht ahnte, welche Absicht sich mit diesem Besuch verband, oder welche Uniform die drei Männer trugen; ihr Desinteresse lag allein darin begründet, dass sie hier nichts erwartete, was ihr einen Vorteil verschaffen konnte.

Der Kreisleiter riss den rechten Arm hoch. »Ich will den Bürgermeister sprechen!«

»Er ist in seiner Amtsstube. Kommen Sie rein!«

»Sie bleiben hier und warten!«

Mit diesem Kommando ließ er den letzten Mann an der Tür stehen. Der Kreisleiter Peperkorn betrat die Amtsstube des Bürgermeisters von Rodenäs.

Erneut hob er seinen Arm, knallte die Hacken zusammen und brüllte den üblichen Gruß »Heil Hitler!«. Lütge Hinrichsen blieb seitlich sitzen, schloss sein Gemeindeprotokoll und sah Peperkorn an, zog eine Augenbraue hoch und fragte: »Na?«

»Moin, Hinrichsen! Ich will's kurz machen. Das deutsche Volk braucht Geschlossenheit. Deshalb ist es nicht akzeptabel, wenn ein Bürgermeister nicht Mitglied der Partei ist!«

»Dann können wir das auch kurz machen. Sie wissen, dass ich nicht Mitglied in Ihrem Verein werde. Deswegen hätten Sie von Niebüll nicht hierherfahren müssen.«

»Hinrichsen, treiben Sie es nicht auf die Spitze! Das ist kein Verein, das ist die Partei einer großartigen Bewegung! Wir haben hier im Kreis Südtondern eine Wählerzustimmung von 73,5 Prozent – damit gehört der nördlichste Kreis im Reich zur absoluten Spitzengruppe! Und wer sich unserer Idee in den Weg stellt, der muss weichen, für den ist kein Platz im Deutschen Reich! Ach, und wo hängt denn das Bild des Führers? Sie haben doch schon längst Bild und Rahmen durch die Reichspost bekommen.«

»Das Bild liegt dort. Ich habe keinen Platz, es aufzuhängen.«

»Sind Sie wahnsinnig! Keinen Platz! Dann hängen Sie eben das Bild des Kaisers ab!«

»Das bleibt!«

»Hinrichsen, Sie hören von mir!« Peperkorn drehte sich auf dem Absatz um, knallte die Tür der Amtsstube zu und verließ das Haus.

Der Bürgermeister öffnete wieder sein Gemeindeprotokoll und machte einen weiteren Eintrag. Heute: Besuch des Kreisleiters Peperkorn. Ansinnen: Beitritt des Bürgermeisters in die Partei. Der Bürgermeister hat das Ansinnen abgelehnt!

3. Dezember
1936

Die Luft an diesem Dezembertag war frisch und klar. Zwei Fuhrwerke und vier Fahrräder zeugten von regem Besuch beim Bürgermeister von Rodenäs.

»So, ihr habt den Befehl des Kreisleiters, euch hier bei mir zu einer außerordentlichen Versammlung zu treffen? Und – was soll das?«

»Lütge – heißt das, du weißt nichts von dieser Versammlung?«

»Ne, ich bin nur gespannt!«

»Dann sollen wir wohl warten auf den Herrn Kreisleiter. Peperkorn soll sehen, dass er pünktlich ist«, fügte Broder Brodersen hinzu.

Die sechs Gemeinderäte saßen zusammen mit dem Bürgermeister um den großen Tisch herum. Dora hatte heißen Eierpunsch zubereitet und mit einem »Das-geht-ja-frühlos!«-Kommentar auf den Tisch gestellt.

Peperkorn kam und war pünktlich. Die Gemeinderäte waren nur vor lauter Neugier zu früh gekommen. Peperkorn eröffnete nach einem kurzen Gruß die Versammlung mit den Worten: »Meine Herren! Es handelt sich heute um eine nicht öffentliche Sitzung, über die Sie alle Stillschweigen bewahren müssen. Sie erhalten zunächst ein Formblatt, in dem Sie sich zum Stillschweigen verpflichten.«

»Gilt das auch für mich?«, fragte der Bürgermeister Hinrichsen.

»Für Sie gelten gleich noch ganz andere Regeln!«

Peperkorn zog aus seiner Aktentasche mit Doppelschloss ein Dokument heraus und verlas:

»Auf Veranlassung des Gauleiters Heiko Dammfeld wird der Bürgermeister von Rodenäs, Lütge Hans Hinrichsen, geboren 1880, mit sofortiger Wirkung seines Amtes enthoben. Trotz mehrfacher Ermahnung trat Hinrichsen als Bürgermeister der Partei nicht bei. Das wird als subversives Verhalten gewertet. Ein Volk am Vorabend seiner großartigen Geschichte wird solche Bürgermeister nicht dulden. Auf gleichzeitigen Beschluss des Gauleiters wird das Parteimitglied Jens A. Hansen mit sofortiger Wirkung neuer Bürgermeister. Zeugen dieser Umwandlung sind die anwesenden Gemeinderäte Nils Lorenzen, Carl Sönnichsen, Johannes Hoge, Heinrich Christiansen und Fritz Sönnichsen. Alle Amtssiegel, Dokumente und Akten sind sofort zu übergeben!«

Er fügte hinzu: »Das Bürgermeisterschild ist bereits von einem meiner Männer abgeschraubt worden. Gegen diesen Beschluss ist kein Einspruch möglich.«

Hansen saß mit hochrotem Kopf am Tisch und konnte es nicht fassen! Heinrich Christiansen prustete los und fragte Peperkorn: »Der Bürgermeister muss doch, wenn Not am Mann ist, auch schon mal einen Brief für einen Volksgenossen schreiben, oder?«

»Natürlich muss er das!«

»Tja, das wird dann schon mal schwierig, denn Schreiben war in der Schule nie die besondere Stärke von Jens Hansen! Aber als es in die Partei ging, da war er fix!«

»Als Bürgermeister kannst du nun deine Parteihemden die ganze Woche tragen«, knurrte Carl Sönnichsen.

Der abgesetzte Bürgermeister von Rodenäs zwirbelte an seinem Bart. Das Bild des Kaisers konnte jetzt hängen bleiben.

2. Mai

1937

Ida Lüth trat ihre erste Anstellung als Hausgehilfin an. Ihr Vater hat mit Carsten Sönnichsen aus Klanxbüll gesprochen. Er will seine Tochter in der Nähe wissen.

Es war dann in einer dieser hellen Sommernächte, in denen man trotz dunkler Vorhänge nicht gut schlafen kann, als es ganz leise an Ida Lüths Kammertür klopfte. »Wer ist da?« Es war die Stimme des Bauern, der flüsterte: »Sei nicht so laut – lass mich rein!« Das war nicht richtig und nicht gut, dass er da klopfte. Sie blieb stumm. Sie wollte nicht öffnen. Sie hatte Angst vor seinen groben Händen. »Mach schon!« Sie schwieg, und ihr Körper verfiel in eine Starre, die es ihr unmöglich machte, sich auch nur im Geringsten zu bewegen.

Überraschenderweise erklärte ihr Carsten Sönnichsen im Herbst, dass sein Hof eigentlich zu klein sei, um eine Hilfe über den Winter zu beschäftigen. Die erste Anstellung – und nur sechs Monate! Was würde ihr Vater sagen?

»Es ist nicht Lichtmess. Warum wollte dich Carsten Sönnichsen nicht mehr?«

»Er sagte, sein Hof sei zu klein und braucht über den Winter keine Kraft.«

»Zu klein? Er hat 30 Hektar! Was ist passiert?«

»Nichts.«

»Unsinn – was ist passiert?«

»Ich habe mir nichts zuschulden kommen lassen!« Sie konnte ihm doch nicht erzählen, dass Sönnichsen geklopft hatte; aber nur sechs Monate für die erste Anstellung, das hieß nichts Gutes und sie schämte sich.

Lütge Hinrichsen sah seine Tochter an. Ahnte er etwas von dem Konflikt?

»Mach mir keine Schande!« war der letzte Satz zu diesem Thema. Er stand auf und legte im Vorbeigehen seine schwere Hand auf ihre Schulter.

Ida Lüth glaubte in der kurzen Bewegung von Drücken und Schütteln ein wenig Zustimmung zu spüren, als hätte er sagen wollen: »War richtig so.«

7. November
1937

Wieder entschied ihr Vater, dass sie bei einem Bauern als Hausgehilfin arbeiten sollte. Der Hof von Lorenz Mommsen lag in Langstoft, an der Stadtgrenze von Niebüll.

Die meisten Bauern hatten Schweine im Stall. Entweder züchteten sie Ferkel, oder sie mästeten Sauen für den Schlachthof. Aber ein Tier blieb ihnen für die Hausschlachtung. Und wenn der erste Frost kam, dann war es so weit.

Bei Mommsen sollte heute geschlachtet werden. Mommsen hatte sehr früh den großen Waschkessel mit Wasser aus dem Graben gefüllt und ihn mit Torf beheizt, denn sie brauchten heißes Wasser. Vor der Stalltür hingen zwei Petroleumlampen und warfen ein trübes Licht. Ein großer Futtertrog lag umgedreht auf dem Hof. Große Schüsseln und Eimer standen bereit. Der Hausschlachter Matz Boysen schaute sich die Vorbereitungen an. Ida Lüth kannte diese Szenerie, sie wusste, was geschehen würde, sie kannte die Abläufe, und trotzdem war sie von dem nahen Ereignis berührt. Schlachten war immer auch der Augenblick des Todes. »Na, dann mal los!«

Sie drangen gemeinsam in den Schweinekoben ein. Mit einem schnellen Griff schlang Matz Boysen einen Kälberstrick um den Hinterlauf des Schweines, drückte das Seil Ida Lüth in die Hand und rief: »Zieh!« Gleichzeitig griff er nach vorne an die Ohren des Schweines. Er und Mommsen zogen jetzt das Schwein aus dem Koben, und Ida Lüth blockte die Bewegungsmöglichkeit nach hinten.

Schweine können vielleicht schreien! Die gleichzeitigen, nicht weniger lauten Rufe von Ida Lüth, Lorenz Mommsen, seiner Frau und des Matz Boysen verdichteten sich zu einem Spektakel! Gemeinsam wurde das Tier auf den Futtertrog geworfen und dort festgehalten. Boysen griff zu einer Axt und schlug mit der stumpfen Seite auf die Stirn der Sau. Schlagartig erstarb das Gequieke.

Ida Lüth nahm eine Schüssel, ging zum Kopf der Sau und kniete sich an den Hals. Jetzt öffnete Boysen mit einem Ausbeinmesser die Halsschlagader. Das Schwein zappelte und schlug mit seinen Läufen um sich. Aber drei Erwachsene verhinderten, dass es vom Trog fiel.

In starkem Strom floss das Blut rhythmisch pulsend in die Schüssel, und Ida Lüth begann mit kräftigen Bewegungen das Blut zu rühren, um ein Gerinnen zu verhindern. Das warme Blut roch eigenartig nach Metall und schwappte ihr bis zum Ellenbogen. Einmal musste sie blitzschnell die Schüssel wechseln, um das fast überlaufende Blut weiter auffangen zu können. Dann versiegte der Blutstrom tropfend. Das Herz hatte aufgehört zu schlagen. Das Blut war draußen und die Sau tot.

Der tote Körper wurde jetzt auf die Seite gerollt, dann der Trog gedreht und unter Beteiligung aller das Schwein in den jetzt offenen Trog gehoben. Rasch holte man in Eimern heißes Wasser und übergoss damit die Sau. Nach kurzer Wartezeit zog Matz Boysen mit einer Blechglocke über die Haut des Schweines und entfernte so die Borsten. Er stopfte sie in ein Netz. Teil seines Lohnes waren genau diese Borsten, die er am Ende der Saison an einen Pinselhersteller verkaufte.

Natürlich blieb dieses Rasieren nicht ohne Spuren. Nach kurzer Zeit war der Schweinekörper komplett haarfrei, strahlte schweinerosa und war mit unzähligen kleinen roten Linien übersät.

An den Fersen setzte Boysen jetzt einen Schnitt zwischen die Knochen und die Sehnen. In diese Öffnungen schob er einen Pferdeschwengel. Dann zog man die Sau über ein Seil hoch, sodass sie kopfüber an der Außenwand des Hauses hing. Matz Boysen öffnete die Bauchdecke, um die Innereien aus dem Leib des Tieres zu holen. Dampfend fielen Magen, Leber, Milz und der Darm in die große Wanne. Ida Lüth konnte diesen Geruch nicht ertragen.

März
1938

Die ehemalige Schulleiterin aus Süderlügum besuchte Ida Lüth. »Du warst immer eine gute Schülerin, das möchte ich dir ganz deutlich sagen. Was wir noch heute alle vermissen, ist dein Lachen!«

»Ich war gerne an Ihrer Schule!«

»Eine Frage: Bist du eigentlich Mitglied im BDM?«

»Vater ist dagegen.«

»Ich weiß. Der ehemalige Bürgermeister von Rödenäs – ein verkappter Monarchist! Aber du bist kein Kind mehr, deine schulische Ausbildung ist abgeschlossen. Du hast jetzt deine ersten Anstellungen hinter dir. Nun solltest du dein eigenes Schicksal in die Hand nehmen. Ich möchte dich doch davon überzeugen, jetzt in den ›Bund Deutscher Mädel‹ einzutreten. Das wäre auch die Voraussetzung, damit ich dir helfe, um in einen guten Haushalt zu kommen, der nicht in Rodenäs oder dieser Gegend liegt.«

»Was heißt das? Weg von hier?«

»Ich würde dich gerne an einen modernen Haushalt einer jungen Industriellenfamilie weiterempfehlen. Und es würde bestimmt nicht schaden, wenn du dann Mitglied des BDM bist. Seit dem 19. Januar dieses Jahres gibt es ein weiteres Werk innerhalb des BDM: Diese Organisation trägt den schönen Titel ›Glaube und Schönheit‹ – eine Initiative des Reichsjugendführers Baldur von Schirach für Frauen von 17 bis 21 Jahren!«

»Und deshalb soll ich jetzt Mitglied werden?«

»Du musst! Schau dich an! Du bist groß, blond, eine friesische Bauerstochter. Arischer kann niemand sein! Du wärest ein Schmuckstück in diesem Frauenbund! Jeder Mann wäre stolz, dich an seiner Seite zu haben!«

»Dann darf er aber kein Bauer sein!«

»Die Landwirtschaft ist das Fundament der deutschen Wirtschaft. Nur wenn sie funktioniert, können alle anderen Aufgaben angegangen werden. Und deutsche Frauen werden an die Stelle ihrer Männer treten und unsere Landwirtschaft zu ungeahnter Blüte führen!«

»Ich will mich ja keineswegs der Bewegung in den Weg stellen, nur Bauersfrau, das kann ich nicht werden …«

Ende März
1938

Sie trug ihre friesische Tracht, schwarzes Tuch und weiße Spitzen. Die Haube hatte sie in den kleinen braunen Koffer gelegt. Zum ersten Mal in ihrem Leben stand sie nicht in Klanxbüll am Bahnhof, um die Züge nur fahren zu sehen. Zum ersten Mal saß sie selbst in einem Zug. Allein! Fahrtrichtung Flensburg. Dort wollte sie ihre sechs Jahre ältere Schwester Maria-Sophie besuchen, die dort inzwischen mit einem Kohlen- und Kartoffelhändler verheiratet war. Ihre Schwester erwartete ihr erstes Baby.

Sie blieb zwei Tage. Am 1. April sollte sie ihre Stellung antreten. Dazu fuhr sie am letzten Märztag weiter, mit dem Zug bis Schleswig und dann mit dem Postbus bis nach Tarm. Dort sprang sie aus dem Bus, schnappte sich ihren Koffer und stürmte los. Es war nie ihre Art, langsam zu gehen.

Der schon von Weitem sichtbare Schornstein wies ihr den Weg zu ihrer ersten Anstellung. 1934 hatte Birger Hansen seine Wurstfabrik gebaut, in der zum ersten Mal Würstchen industriell hergestellt wurden. Zunächst in Blechdosen verpackt. Doch seit 1937 in Gläsern und mit einem aufgeklebten Siegel verschlossen. Das war sensationell! Sie hatten in der Hauswirtschaftsschule von dem Erfindungsreichtum dieses Wurstfabrikanten gesprochen. Würstchen einwecken – und dann auch noch in Gläsern!

Solche Geschichten gefielen den Menschen, und Ida Lüth sowieso. Sie war jetzt 17 Jahre alt und ließ sich gern von den guten Nachrichten fesseln. Die Stimmung war gut im Deutschen Reich. Und Ida Lüth war auf ihre etwas naive Art höchst erstaunt, als ihr die Schulleiterin eröffnete, dass sie bei der Familie Hansen eine Empfehlung für dieses friesische Mädchen gegeben hatte und dass man ihr tatsächlich eine Anstellung gab.

Die Haushälterin Maria Unkel zeigte Ida Lüth ihre Kammer. Dann bekam sie die Kleidungsstücke ausgehändigt, die sie während der Dienstzeit zu tragen hatte, zwei Garnituren für die Woche und für jeden Tag eine frische Küchenschürze. Als Ida Lüth an ihrem ersten Tag auf der neuen Stelle in ihrer Kammer in ihrem Bett lag und an der frischen Bettwäsche schnupperte, war sie sehr glücklich: Es roch nicht nach Stall!

Sie hatte sich schnell in der Küche zurechtgefunden. Alles war großzügig eingerichtet. Wer die modernste Wurstfabrik Deutschlands aufbaut, der hat keine alte, kleine Küche. Hier gab es wirklich große Herde und elektrischen Strom für die verschiedenen Geräte.

Maria Unkel rief sie in ihrem rheinischen Dialekt: »Ida, die jnädije Frau möschte disch schprechen. Komm doch bitte mal direkt mit!«

Eilig strich sie ihre Schürze glatt, überprüfte den Sitz ihrer Haube und folgte der Haushälterin. Sie betrat zum ersten Mal den Salon, den Solveik Hansen bewohnte, und machte einen Knicks.

»Fräulein Ida, ich hoffe sehr, dass Sie sich hier bei uns in Tarm schon ein wenig eingelebt haben!«

»Oh, vielen Dank! Ich kenne mich in der Arbeit schon gut aus …!«

»Gut, mein Kind! Zwei Dinge sollten wir gleich klären: Wenn Sie Freistunden haben, dann möchte ich nicht, dass mein Personal durch Tarm spaziert. Sonst könnte jemand denken, Sie suchten Anschluss. Ich begrüße es sehr, wenn die Freistunden für Handarbeit an der eigenen Aussteuer genutzt werden. Das tut jedem Mädchen nur gut. Haben wir uns da verstanden?«

»Ja, gnädige Frau!«

»Ich habe in Ihrem Kleiderschrank gesehen, dass Sie eine Uniform des BDM besitzen. Zu dieser Uniform gehört eine ungewöhnliche Brosche?«

»Ich arbeite im BDM-Werk ›Glaube und Schönheit‹ mit.«

Es störte sie nicht, dass jemand in ihrer Abwesenheit in ihrer Kammer gewesen war. Das war bei Dora auch so. Jetzt war sie im Geltungsbereich einer anderen Familie. Hier galten deren Regeln.

28. Juli
1938

»Fräulein Ida, heute Abend spricht Dr. Joseph Goebbels. Wenn Sie mögen, dürfen Sie gerne um 22 Uhr in den Salon kommen!«

Radio hören! Sensationell! Ida Lüth war rechtzeitig da. Sie setzte sich auf einen Stuhl, den man ihr zuwies. Mit Knackgeräuschen begann die Übertragung aus Breslau von der Eröffnung des Deutschen Turn- und Sportfestes.

Sie genoss diesen Augenblick, Gast im Salon zu sein, und lauschte der Übertragung:

»… das Fest der Hoffnung vom Jahre 1933 ist im Jahre 1938 ein Fest der Erfüllung geworden! [Heilrufe] Aus dem

Glauben von damals wurde die Gewissheit von heute! Das Reich steht, und nimmermehr wird es vergehen! [Heilrufe] Aus Niederlage und Verfall wurde der größte Triumph unserer deutschen Geschichte! [Heilrufe, Beifall] Wir haben den Krieg verloren, aber die Revolution haben wir gewonnen! [Heilrufe.] … Wir leben als totalitärer Staat in einer demokratischen Umwelt, und es bleibt uns nichts anderes übrig, als uns gegen diese Welt zur Wehr zu setzen …!«

Ida Lüth hörte nicht die Botschaft.

August
1938

Ida Lüth bekam Post von ihrem Bruder Peter! Er schrieb in Sütterlinschrift:

Lieb Süste!
Ich wollte Dir doch auch einmal schreiben und erzählen, was so alles in der großen Welt passiert. Hier hat es ziemlichen Ärger gegeben. Ich kann doch Gertrud recht gut leiden, und deswegen soll nun auch geheiratet werden. Sie ist ja man lütt, beim Arzt wurde sie vermessen, sie soll zu schmal sein für Kinder. Durch unsere Hochzeit wurde mein Vorgesetzter so wütend, dass sie mich nach Ostpreußen versetzen werden. Dieser Mann interessiert sich nicht für Frauen, nur für Männer. Deshalb habe ich mit dem die ganze Zeit schon Ärger. Jetzt gehöre ich auch nicht mehr zur Adjutantur des Führers; müssen eben andere seine Aktentasche tragen. Gertrud und ich freuen uns jedenfalls auf unsere neue Aufgabe und vielleicht wirst Du bald Tante!
Herzliche Grüße sendet Dir Dein großer Bruder!

Ida Lüth verstand nicht genau, was mit dem Hinweis »interessiert sich nur für Männer« gemeint war. Und nach kurzem Überlegen wollte sie eigentlich von solchem Schweinkram nichts wissen; denn das musste es ja sein, sonst wäre es ja nicht bei Strafe verboten.

September
1938

Ida Lüth war ausgewählt und durfte mit einer Gruppe des »Bund Deutscher Mädel« auf den Reichsparteitag nach Nürnberg fahren. Jetzt waren sie auf der Rückfahrt.

Ihr Kopf dröhnte! Sie konnte weder die Stimme noch die Bilder bändigen! Es war ihr nicht möglich, das Durcheinander von Gefühlen zu ordnen. Alles überschlug sich, wollte und konnte nicht erklärt oder verstanden werden. Sie hatte *ihn* gesehen, sie hatte *ihn* gehört! Sie war nicht nur Zuschauerin gewesen, nein, sie fühlte sich als Teil von etwas Gewaltigem, etwas, das so groß war, dass die Angst vor allem Fremden verschwand und sich in ein unbekanntes Glücksgefühl verwandelte.

In ihren Gedanken träumte sie, wie sie über diese 100 000 Körper flog. Ein Blitzlichtgewitter von Knöpfen, blanken Spiegeln, Orden, Schulterstücken und Divisionsabzeichen lag prickelnd unter ihr. Kein Kirchgang der Welt konnte feierlicher sein. Fahnen, Marschmusik, das Stakkato des immer Gleichen verdichteten das Bild.

Sie lehnte sich zurück. Und dann diese Rede! Wie schäbig dagegen klang ein Volksempfänger: »Ech föhle das Verlangen des deutschen Volkes ...!«

Ida Lüth wusste, dass sie mit ihren Kameradinnen im Zug zurück nach Schleswig saß. Trotzdem hatte sie das Gefühl, dass der Weg von Nürnberg nach Schleswig längst nicht so weit war wie der Weg von dort nach Rodenäs.

Frühling
1939

Endlich bekam auch Rodenäs elektrischen Strom! Und auch der Hof Markhäuser des Kätners Lütge Hinrichsen kriegte Kabel in die Küche, in den Stall und in die gute Stube gelegt.

1. September
1939

In den frühen Morgenstunden hatte der Zweite Weltkrieg begonnen!

Juli
1940

Ida Lüth wurde als Erntehelferin zur Heuernte an den Hof ihres Vaters in Rodenäs für drei Wochen freigestellt; denn zwei Brüder waren im Krieg.

Ihr helles, unverwechselbares Lachen zerriss das Bleigrau des Himmels, übertönte das Stampfen der wartenden Lokomotive und lief über die Köpfe der Menschen hinweg, erreichte das Ohr ihres Bruders und hieß ihn herzlich willkommen. Sie fasste mit der linken Hand Rock und Schürze, rannte winkend den Bahnsteig von Klanxbüll entlang, um ihm endlich um den Hals zu fallen.

»Moin! Moin! Peter!«

»Na, kleine Schwester?« Groß stand er vor ihr.

»Lass dich anschauen, du siehst sehr adrett aus!« Sie hakte sich unter und zog ihn in Richtung des kleinen Bahnhofsgebäudes. Sie war stolz und spürte die Blicke der Leute. »Vater wird Augen machen, wenn er dich sieht!«

Sie hatte ihr Fahrrad an die Frachtrampe gelehnt. Ihr Bruder klemmte sein Gepäck hinten drauf, legte den Ausrüstungssack in die Neigung über der Kurbel und schob das Fahrrad Richtung Norden.

Sie hätte gerne sofort alles gefragt, aber sie wusste, dass ihr Bruder es liebte, mit Bedacht zu reden. Und sie hatten ja über eine Stunde Zeit, bis sie ankommen würden.

Sie beobachtete ihren Bruder von der Seite. Wie hatte er sich verändert. Vor acht Jahren hatte er den Hof verlassen. Und jetzt war er ein richtiger Mann geworden. Sie suchte nach seinem Ehering, und tatsächlich zierte seine rechte Hand ein schmaler Goldring. Zierte war das richtige Wort, denn zu ihrem Bruder gehörte nicht nur ein friesischer Schädel, sondern auch sehr große Hände. Und sie fand, für diese Hände war der Goldring keine Zierde, er war einfach zu dünn.

Er zeigte unvermittelt auf die im Westen liegende Deichlinie und meinte: »Da muss ich heute noch hin. Ich muss die See sehen. Riechen kann ich sie ja schon. Wenn ich etwas in Berlin oder in Ostpreußen vermisse, dann ist es der Blick vom Deich über das Wasser der Nordsee.«

Es war später Nachmittag, kaum Wind, was ungewöhnlich war. Die Sommerhitze hatte alles miteinander verschmolzen, Wolken, Wind und Luft waren nur noch ein klebriger Brei. So wie die Kleiewege nach ewigem Nieselregen. Jetzt war die Kleie steinhart getrocknet. Ihr Bruder wuchtete das beladene Fahrrad durch die verschiedenen Fahrrinnen. Sie hasste diese Kleiewege.

Während Klanxbüll mit Bahnhof, Molkerei, einem Lebensmittelgeschäft und zwei Gasthöfen einen kleinen Dorfkern hatte, war Rodenäs kein richtiges Dorf, sondern eine Ansammlung von sehr verstreut liegenden Höfen. So konnte die Strecke zum direkten Nachbarn schon mal ein Kilometer oder mehr sein. Die strohgedeckten Häuser waren auf Warften erbaut, um bei einem Deichbruch vor dem einlaufenden Wasser geschützt zu sein.

Statt mit Zäunen waren die Viehweiden durch Gräben getrennt. Um das Land trockenzulegen, wurde seit Generationen immer gleich verfahren: der Modder aus den Gräben wurde auf das Land geworfen, sodass das Gras schnell auf diesem nährstoffreichen Boden nachwuchs. Und so erhöhten sich die ehemaligen Salzwiesen immer weiter. Auf dem Wasser der Gräben schwamm Entenflott, sodass man manchmal überhaupt kein Wasser sah.

Peter sah den Rauch aus dem Schornstein der Ziegelei, links davon erkannte er die drei Häuser der Zöllner, und rechts davor lag der Hof seines Vaters.

Wie so viele Höfe war auch dieser in West-Ost-Richtung erbaut. Zur Wetterseite öffnete sich das große Dielentor. Hier konnten ganze Fuhrwerke hineinfahren, um Stroh und Heu abzuladen. Das Reetdach war weit heruntergezogen, um das Haus zu schützen, im Winter vor der Kälte und im Sommer vor der Hitze. Die Stallfenster sahen aus wie kleine Halbmonde aus Schmiedeeisen mit kleinen Glasscheiben. Wenn mal ein Glas zersprang, dann war der Ersatz nicht so teuer.

Links und rechts von der Tenne waren die Ställe für die Kühe. Zwei Boxen für die Pferde grenzten den Stall auf der südlichen Seite ab, während auf der Nordseite die Milchkammer den Stallbereich beendete. Durch eine kleine Tür verließ man den Stall und betrat einen Quergang, die Trennung zwischen Stall und Wohnbereich. Auf der Nordseite des Wohnbereiches, in Verlängerung des Melkbereiches, folgte jetzt die Küche. Daneben lag eine kleine Stube, von der aus man in ein Schlafzimmer gehen konnte. Der größte Raum, der von diesem Quergang abging, war die gute Stube. Diese Tür war verschlossen. Die gute Stube wurde nur zu ganz besonderen Anlässen geöffnet; Weihnachten war so ein Anlass. Am Ende des Querganges war die Südertür. Fremde klopften immer an der Südertür an. Wer arbeitete oder zur Familie gehörte, der kam durch die Tenne.

Als sie die Straße verließen, um auf dem Stichweg zum Hof ihres Vaters zu gehen, sahen sie ihn in der Südertür stehen. Über ihm der für friesische Häuser so typische kurze Giebel mit einem Fenster und darüber im Halbrund noch eine kleine Bodenluke.

Also gingen Bruder und Schwester durch den kleinen Garten auf den Vater zu, der sich nicht bewegte.

Er stand so da, als wäre er noch immer der Bürgermeister, als wäre nichts geschehen – der letzte Deichgraf von Südtondern. Schwer war sein Körper, die Beine steckten in Schuhen, denen Wind und Wetter nichts anhaben konnten, darüber Ledergamaschen. Er war unrasiert, weil heute nicht Sonntag war. Die Bartenden seines Schnauzers waren nach oben gebogen. Es fehlte nur noch eine Pickelhaube, und der Dorfschulze, gespielt durch einen Bauern, wäre perfekt gewesen.

»Was soll diese Uniform?« Nach über acht Jahren Abwesenheit war das die Begrüßungsfrage. Und er gab die Tür nicht frei.

Peter Hinrichsen grüßte seinen Vater auf die Art, wie er es in Berlin jeden Tag machte, knapp und korrekt.

»Lass das, dieser Gruß ist albern. Als du weggingst, wolltest du Polizist werden. Und jetzt trägst du eine SS-Uniform. Warum?«

»Ich bin immer noch Polizist. Doch jetzt für andere Aufgaben ausgewählt. Deutschland ist dabei, Europa und der Welt ein neues Gesicht zu geben. Und Euer Sohn, Vater, ist dabei.«

»Wollt Ihr Euren Sohn nicht hereinbitten, Vater?«, fragte seine Schwester.

»Er soll seine Jacke ausziehen.«

Der Sohn tat wie angeordnet. Vater und Sohn mussten sich beide bücken, um beim Betreten des Hauses nicht mit dem Kopf anzustoßen.

Lütge Hinrichsen ging voran – in die gute Stube, drehte sich um und sagte zu seiner Tochter: »Dora braucht Hilfe.« Sie gehorchte.

Mit einem knappen Nicken des Kopfes forderte er seinen Sohn auf, Platz zu nehmen. »Du weißt, dass ich von dieser braunen Sippe nichts halte. Schlimm genug, dass wir durch einen Krieg das Kaiserreich verloren haben, jetzt werden wir auch noch den Rest verlieren!«

»Das ist falsch. Wir werden siegen! Die Idee, die der Führer dem deutschen Volk gibt, ist so groß und kraftvoll, dass deutsches Blut nie wieder umsonst vergossen wird!«

»Aber es wird jetzt vergossen!«

»Sie sterben als Helden!«

»Und warum bist du jetzt bei der SS? Doch nicht als Polizist?«

»Ich gehöre seit 1939 zur 4. SS-Polizei-Panzergrenadier-

Division. Sie wurde aus kriegsverwendungsfähigen Angehörigen der Deutschen Polizei aufgestellt.«

»Wie lange wirst du bleiben?«

»Wenn Ihr erlaubt, nur zwei Tage, dann werde ich meinen Auftrag in Neukirchen ausführen.«

»Seit wann kriegt Neukirchen einen eigenen Polizisten?«

»Ich werde dort eine Polizeistation einrichten. Sobald der diensthabende Beamte in seine Aufgabe eingewiesen ist, kehre ich über Berlin nach Ostpreußen zurück. Es geht um Nolde und seine entartete Kunst. Der Befehl lautet, das zukünftige Malen dieses Herrn zu unterbinden. Und dazu muss ein Polizist täglich auf Seebüll nach dem Rechten sehen.«

»Was hast du in Berlin angestellt, dass man dir diese ›kriegsentscheidende‹ Aufgabe überträgt?«

»Wenn ein Volk vor seiner größten Bewährungsprobe steht, dann kann es sich nicht leisten, dass sein Geist von entartetem Gedankengut durchsetzt wird.«

»Der malt doch nur Bilder!«

»Man weiß in Berlin von der Macht von Bildern!«

»Also, wenn du wieder mein Haus betrittst, dann trägst du auf keinen Fall mehr diese Uniform. Sonst ist die Tür verschlossen.«

Er stand auf, ging zu einer schweren Anrichte, öffnete eine seitliche Tür und nahm zwei Schnapsgläser heraus. Hinter einer zweiten Tür standen mehrere Flaschen. Er betrachtete die Flaschen, wählte dann eine aus. Bedächtig öffnete Lütge Hinrichsen, der ehemalige Bürgermeister von Rodenäs, die Flasche und schenkte ölig fließenden Genever ein, stellte seinem Sohn Peter das Glas hin und nickte ihm kurz zu. Wortlos tranken beide Männer ihr Glas aus.

2. März
1942

»Guten Morgen, Fräulein Hinrichsen! Herzlichen Glückwunsch zu Ihrem Geburtstag! Alles Gute Ihnen – und bleiben Sie uns erhalten. Schließlich ist Ihr Lachen für uns alle eine große Freude!«, brüllte Birger Hansen seine Glückwünsche heraus.

Endlich der Geburtstag zur Volljährigkeit! Wie sehr hatte sich Ida Lüth diesen Tag herbeigewünscht. Als sie die Worte hörte »... und bleiben Sie uns erhalten ...«, da sagte sie sich: »Ganz bestimmt nicht! Tarm ist auch nur ein Dorf!«

Ihr Vater hatte ihr einen Brief geschickt. Er hatte seine Geburtstagsgrüße in präziser Sütterlinschrift verfasst. Sein letzter Satz lautete: »... und mach mir auch in Zukunft keine Schande!«

Sie war jetzt eine erwachsene Frau! Welche Schande sollte es da denn geben?

April
1942

Birger Hansen liebte seine Wurstfabrik. Er mochte den warmen und so fleischig-weichen Geruch der frischen Wurst. Er konnte sich an den Maschinen erfreuen, die die Dosen und Gläser füllten und verschlossen. Und jedes Mal, wenn eine der Arbeiterinnen wieder ein Etikett, sein Gütesiegel, auf das Glas klebte, musste er vor Stolz nicken. »Jau – so ist das recht!« Seine »Würstchen von Tarm, im zarten Darm!« waren ein begehrter Artikel. Und jetzt hatte er endlich den Auftrag bekommen, auf den er lange warten musste: Er war Lieferant für die Deutsche Wehrmacht geworden!

Deutsche Soldaten würden diesen heroischen Krieg siegreich beenden und dabei mit seinen Würstchen bei Kräften gehalten! Wer sagt's denn!

Und wie alle kleinen Jungs, die glauben, was ganz furchtbar Großes oder Wichtiges geschafft zu haben, wollte Hansen sich selbst ein Geschenk machen, sich zeigen, was er für ein erfolgreicher Herr geworden war.

Und er hatte auch schon eine Idee …

»Fräulein Hinrichsen – richten Sie mir doch meinen Anzug her, ich will etwas in der Stadt erledigen! Und Sie können heute mitkommen. Sie müssen auch mal raus aus Tarm!«

Der Blick seiner Frau ließ nur ahnen, dass ihr das nicht gleichgültig war. Man musste schon blind sein, um diese pralle Jugend der Ida Lüth zu übersehen. Ihr war nicht klar, ob ihr Mann nur so naiv war oder so gerissen, dass er nicht auf die Idee kam, dass es schon eigenartig sei, die Kaltmamsell mit nach Schleswig zu nehmen.

Sie fuhren auch nicht nach Schleswig. Ihre Fahrt ging direkt an die Schlei auf das Gut Winning, das zur Vertens-Werft gehörte. Birger Hansen war es recht, dass seine Frau mit Gedanken spielte, die weit von seinen Zielen wegführten. Hansen wollte sich ein Boot kaufen! »Und kein Wort zu meiner Frau!«

Ida Lüth beobachtete ganz genau, wie sich der Direktor der Wurstfabrik und der Bootsbauer miteinander unterhielten. Es gefiel ihr, zu erkennen, wie groß der Unterschied zwischen dem Verhalten der Bauern aus Rodenäs und dem dieser beiden Männer war.

Sommer

1942

Auf das Fest der Sonnenwendfeier hatten sie sich alle gefreut! Es ging eine leichte Brise, wenige Wolken am Himmel, eine Temperatur fast wie Samt. Auch jetzt, am späteren Abend, war es noch taghell. Gegen Mitternacht würde man Wagenräder brennend vom Düwelsbarg rollen lassen. Eine ausgelassene Stimmung herrschte auf dem Festplatz. Der Krieg war sehr gegenwärtig – nicht als Bedrohung, sondern aus Tarmer Sicht als große Chance für den längst erwarteten Sieg!

Und dann stand er da – wie aus dem Nichts – dieser junge Mann in seiner Uniform. Er sah nicht unbedingt schneidig aus, trotz der Stiefel und der Bridgethosen. Seine Haut schien eher ein wenig zu rosa zu sein, so als hätte sie die Sonne selten, den Wind eher nicht und wirkliches Kampfgeschehen noch nie gesehen.

»Das Frollein sieht aber blitzsauber aus!«, legte er los. »Erlaube mir deshalb, das Fräulein auf ein Gläschen einzuladen!« Sie lachte laut los! Ida Lüth fand diese Offizierssprache urkomisch! Ihr immer ansteckendes Lachen verunsicherte den jungen Leutnant ein wenig, seine Gesichtsfarbe wurde eine Spur zu rot.

Ida Lüth hatte sich angewöhnt, Männer genau anzusehen. Sie blieb dabei immer distanziert, denn die erste Frage war für sie: Ist jener Mann ein Bauer oder kommt er von einem Dorf? Und da konnte jemand Orden tragen und Geschichten erzählen, wenn das Wort Bauer oder Dorf auch nur im Ansatz fiel, dann verlor Ida Lüth schlagartig jedes Interesse.

Sie schaute kurz nach seinen Händen, die waren schlank und feingliedrig. Also in jedem Fall kein Bauer! Sie hakte sich bei ihm unter und forderte ihn auf: »Na, dann mal los, Herr Leutnant!«

Die Bowle war ein Mix aus Schaumwein, Vanillezucker und Sekt. Zitronenscheiben fehlten, jedoch mit einem kräftigen Schuss Weinbrand hatte man der »Kalten Ente« etwas Leben eingehaucht.

Dieser junge Mann berichtete ihr aus einer anderen Welt! Es gab sie also wirklich, Männer, die sich auskannten in dieser Welt, elegant und vielleicht sogar ein wenig todesmutig.

Ida Lüth tippte auf den einzigen Orden an seiner Brust und ließ sich die entsprechende Geschichte erzählen. Als wollte sie, dass er mit der Erzählung nicht aufhört, spielte sie mit den Metallknöpfen an seiner Uniformjacke.

Was ist das für ein Signal, wenn eine junge Frau an den Knöpfen einer Uniformjacke dreht? Ein Stück Vertrautheit? Er griff nach ihrer Hand – da sah sie seinen Ring. Er war verheiratet. Wieso hatte sie das nicht schon vorher gesehen?

Auf ihrer Stirn bildete sich eine steile Falte als Frage. Bevor Ida Lüth sprechen konnte, hörte sie seine Erklärung: »Sie lebt in Ostpreußen – das ist weit – und es ist Krieg.« Sie zog ihre Hand zurück. Vielleicht schon zu spät. Der Offizier versuchte sie an sich zu drücken. Mit einer Drehung, als müsse sie ihr Tuch korrigieren, drehte sie sich weg und stand dann wieder lachend vor ihm und sagte: »Kommen Sie, wir gehen jetzt tanzen!«

Sie konnten die Musik schon hören. Sie griff lachend nach seiner Hand, um das Lauftempo zu erhöhen, da blieb er plötzlich stehen. Durch den Ruck riss es sie herum, und sie wurde von seinen Armen gefangen. Nur zwei, drei Schritte, und der Holunderstrauch nahm die Sicht zur Dorfstraße. Warum wollte dieser Mann sie küssen? Was sollte das? Es entsprach nicht ihrer Vorstellung, und deshalb wollte sie zurück auf den Weg.

Was dann geschah, war ihr peinlich. Sie konnte damit nicht umgehen. Die Hände dieses Mannes waren auf einmal überall, drückten, zogen, rieben sie. Das hatte nichts mit ihrer Vorstellung von romantischer Liebe zu tun. Außerdem fehlte ihr jede Erfahrung. Mit 21 Jahren?

Ihr Mieder war halb offen, und als sie das entdeckte, sagte sie ihr typisches »Hauaha!«, um dann zu versuchen, die Dinge zu ordnen. Dabei hörte sie von ferne die Stimme von Dora: »Wenn ein Mann auf dir liegt und dir einen Kuss gibt, dann bekommst du ein Kind!« Ida Lüth achtete nur auf ihren Mund – und noch lag sie nicht.

Als der Leutnant sie hochhob, um sie auf seinen Schoß zu stemmen, verlor sie den Kontakt zum Boden. Sie hielt sich unwillkürlich mit ihren Händen an seinem Hals fest. Ein Zugeständnis? Sie wusste nicht einzuordnen, was geschah. Es tat weh.

Oktober 1942

»Fräulein Hinrichsen, Sie sind nicht krank, wie Sie vielleicht vermuteten. Ich kann Ihnen bestätigen, Sie bekommen ein Kind! Gratulation!«

»Das kann gar nicht sein! Wieso bekomme ich ein Kind? Wovon denn nur?«

Der Arzt war nicht erstaunt. Viele Mädchen hatte keine Ahnung von ihrer Sexualität. Und Aufklärung fand überhaupt nicht statt. Jedenfalls nicht auf den Bauernhöfen.

»Das ist keine gute Nachricht! Ich verliere meine Stellung! Ich kriege keinen anderen Mann. Ich werde nie in Weiß heiraten! Wenn das mein Vater erfährt, jagt der mich vom Hof!«

»Dann lassen Sie mich so fragen: Kennen Sie den Mann dieser Affäre?«

»Was erlauben Sie sich? Natürlich!«

»Können Sie ihn als Kindsvater angeben?«

»Nein.«

»Weshalb nicht?«

»Verheiratet – in Ostpreußen.«

»Wo haben Sie sich kennengelernt?«

Sie presste die Worte aus ihrem Mund: »Bei Hansen. Er war ihr Gast, ein Verwandter, Leutnant. Zur Sonnenwendfeier.«

»Sie sind Parteimitglied?«

»Nein – Mitglied im Bund ›Glaube und Schönheit‹, davor BDM.«

»Ist jemand aus Ihrer Familie Parteimitglied?«

»Ja, mein Bruder Peter ist bei der Polizei-SS.«

»Fräulein Hinrichsen, das ist schon eine viel bessere Nachricht! So wie Sie aussehen, sind Sie das Bild einer arischen Frau, wie aus dem Bilderbuch! Der junge Mann …«

»… so um die 30, ein wenig rosa im Gesicht …!«

»… umso besser. Schauen Sie, ich will es Ihnen erklären: Die Bewegung will natürlich, dass wertvolles Erbgut nicht verloren geht. Deshalb gibt es eine Idee, die hier Großartiges leistet: der Lebensborn! Hier werden arische Frauen und Offiziere zusammengebracht, deren Kinder dann in der Obhut der Bewegung aufwachsen und erzogen werden. So wird eine neue, wirklich reine Rasse entstehen!«

»Man munkelt von solchen Ideen.«

»Das ist kein Gemunkel! Volksgenossin Hinrichsen! Jetzt lassen Sie mich mal machen. Ich werde Ihren Fall bei entsprechender Stelle vortragen. Sie hören von mir!«

»Aber ich möchte nicht …!«

November 1942

»Fräulein Hinrichsen, wie geht es Ihnen?«

»Nicht gut – unter diesen Umständen, Herr Doktor!«

»Aber Sie sehen gut aus!«

»Ich bin so unglücklich, weil ich mit niemandem reden kann.«

»Na, das wird schon bald ganz anders sein …«

Ida Lüth erfuhr jetzt, was man mit ihr vorhatte. Ihr Arzt würde eine asthmatische Erkrankung diagnostizieren. Deshalb würde man sie zur Kur in die Alpen, nach Österreich, schicken. »Da Sie an der Nordsee aufgewachsen sind, brauchen Sie ein besonderes Reizklima – und das gibt es nur in den Alpen! Österreich wurde ja heim ins Reich geholt, damit liegt Innsbruck im Prinzip mitten in Deutschland.«

»Und dann?«

»Der Lebensborn kann direkt für Ihr Kind nichts tun. Das ginge nur, wenn der Kindsvater sich bekennen würde und der erforderlichen arischen Prüfung standhielte. Jedoch gibt es in Innsbruck eine Arztfamilie, die bereits ein Kind adoptiert hat. Bei dieser Familie werden Sie wohnen und natürlich auch arbeiten. Dann werden Sie dort Ihr Kind zur Welt bringen. Es wird alles für eine Adoption vorbereitet, und etwa zwei Wochen nach der Entbindung kehren Sie nach Tarm zurück.«

»Ich soll mein Kind hergeben? Sie sind ja wahnsinnig!«

»Überlegen Sie ganz ruhig. Für eine Abtreibung ist es zu spät, und sie würde auch von keinem Arzt durchgeführt. Eine illegale Abtreibung ist lebensgefährlich! Dann könnten Sie ja gleich ins Wasser gehen ...!«

»... ich kann schwimmen ...«

»... auch das noch! Es ist doch für alle das Beste: Ihr Kind wird leben, in guten Verhältnissen aufwachsen, immerhin eine akademische Familie, und niemand wird etwas erfahren!«

27. März
1943

Ida Lüth wird am 27. März 1943 in Lans bei Innsbruck nach einer Hausgeburt von einer Tochter entbunden. Sie unterschreibt noch am selben Tag die Adoptionspapiere. Ihre Tochter wird auf den Namen Gerda Ludwig ins Geburtenregister eingetragen. Mutter: Ida-Christine Hinrichsen, Vater: unbekannt.

April
1943

Ihr Blick hing an den Telegrafendrähten, die am Abteilfenster vorbeizogen. Die Drähte senkten sich bis zu einem Tiefpunkt und stiegen dann schnell wieder auf, bis ein weiterer Mast mit weißen Porzellanglocken vorbeiflog. Erneut senkten sich die Drähte und wieder stiegen sie auf. Die Landschaft hinter den Drähten sah Ida Lüth nicht.

Es würde ihrer Tochter gut gehen. Und da die Adoptiveltern Ludwig bereits einen kleinen Jungen aufgenommen hatten, konnte sie sich auch damit trösten, dass bereits ein großer Bruder da war; Horst hieß der Kleine, zwei Jahre alt.

Ida Lüth saß völlig konzentriert auf der Holzbank. Über ihr lag ein kleiner Koffer. Am Haken hing ihr Mantel. Sie hatte den Lederriemen ergriffen, mit dem man die Scheiben herunterlassen und durch Einhängen in einen kleinen Haken die Größe der Fensteröffnung bestimmen konnte. Der Lederriemen glitt durch ihre Hand, fast wie ein Rosenkranz.

Sie machte sich klar, dass sie richtig gehandelt hatte. Sie ging immer wieder ihre Entscheidung durch. Das Kind war gesund zur Welt gekommen. Der Lebensborn war eine großartige Idee, auch wenn hier nur die Vermittlung geholfen hatte. Allen Beteiligten ersparte sie durch ihre Entscheidung unangenehme und gesellschaftliche Konsequenzen. Die Form war gewahrt, der Ruf erhalten.

Es war auch richtig, sich schnell von dem Kind zu lösen. Immer wieder sagte sie sich: Es ist Krieg, ich habe keine Mutter, mit meinem Vater kann ich das nicht besprechen. Also ist die Entscheidung der richtige Weg. Da sie seit Monaten wusste, dass sie ihr Kind zur Adoption freigeben würde, hatte sie sich emotional abgekapselt: »Was in dir wächst, gehört dir nicht!«

Es war ihr auch recht, schon kurz nach der Entbindung nach Schleswig-Holstein zurückzufahren. Sie hatte Angst, sich an dieses kleine Wesen zu sehr zu binden. Allerdings hatte man eine Vereinbarung getroffen: Hin und wieder würden die Ludwigs schreiben, insbesondere dann, wenn sich eine Adresse ändern sollte. Und auch Ida Lüth hatte die Adresse aus Lans bei sich.

Sie hätte so gerne mit jemandem gesprochen! Nicht, um um Rat zu fragen, noch weniger, um zu hinterfragen, ob das alles richtig war. Nein, sie hätte gerne ausprobiert, ob ihre Handlung sich so plausibel erklären ließe, wie sie das selber schon tat. Sie fand niemanden, mit dem sie sprechen konnte. Hier im Zug? Mit völlig fremden Menschen? Ausgeschlossen. Mit der Familie? Das ging gar nicht! Und den Rest der Welt hielt Ida Lüth auf Distanz.

Alle drei Stunden ging sie auf die Zugtoilette, um ihre Milch abzupumpen. Sie goss sie weg. Ida Lüth mochte gar nicht hinsehen. Ihre eigene Muttermilch, weggegossen, und das mitten im Krieg!

Januar

1944

Das war kein guter Brief, den man ihm in die Hand drückte. Lütge Hinrichsen las den Absender: Wehrmachtsauskunftsstelle für Kriegsverluste.

Er schlitzte sorgfältig, nicht grob, das graue Kuvert auf, ahnte das Unheil, nur noch nicht den Namen. Und er las: Christian Hinrichsen … im ehrenvollen Kampf gefallen … Heldentod … Russland … irgendein Flecken, kein Dorf, nur eine topografische Zahl auf einer Wehrmachtskarte … in Ehren … nie vergessen … Deutschlands Helden … Endsieg … Heil Hitler! Seine schweren Hände wollten den Brief nicht loslassen.

Er versuchte sich an seinen jüngsten Sohn zu erinnern. Ein feingliedriger Mensch, fast zart. Christian träumte viel, war eigentlich zu nichts nutze – jedenfalls nichts, was das Leben auf einem Bauernhof in Rodenäs betraf. Lütge Hinrichsen ließ sich von der Frage mitreißen, warum ein so junger Mensch sterben muss, und wer jetzt nach einem Sinn suchen wird?

Er hob den Blick, sah dieses Gesicht von Dora, grob und unförmig; das war nicht die Mutter seiner Kinder. Mit ihr konnte er nicht trauern, und allein wusste er nicht wie.

Juli

1944

Wollte denn das kein Ende nehmen? Immer noch Krieg. Ida Lüth hoffte insgeheim noch auf den Endsieg. Sie registrierte, dass in der Wurstfabrik immer weniger und seit ein paar Tagen überhaupt nicht mehr produziert wurde. Keine Schlachttiere, kein Fleisch und natürlich auch keine Würstchen. Sie war deshalb auch nicht wirklich überrascht, als man ihr mitteilte, dass man sie entlassen müsse.

In diesen Kriegstagen stand niemand lange herum. Als sich Ida Lüth bereits am nächsten Tag beim Arbeitsdienst meldete, wurde sie sofort nach Flensburg dienstverpflichtet. In der Flensburger Pumpenfabrik arbeiteten fast nur noch Frauen. Was sie da genau zusammenschraubte, war Ida Lüth nicht klar – Teile für Pumpen eben. Sie stand in der Fabrik, ein Tuch um den Kopf gewickelt, in einem immer dreckiger werdenden Blaumann, mit Händen, bei denen es ein täglicher Kampf war, das Öl wieder zu entfernen.

Die Nachrichtenlage machte ihr zu schaffen. Aber bewies nicht das Attentat vom 20. Juli die Unbesiegbarkeit des Führers? Was wäre gewesen, wenn ihr Bruder noch die Aktentasche getragen hätte?

Der »Völkische Beobachter« und der Reichsfunk berichteten ständig von den verschiedenen Frontabschnitten. Es wurde tagtäglich irgendwo eine Frontlinie begradigt, zurückgewonnen oder neu aufgestellt.

Ihr war schon klar, dass Siegesmeldungen anders klangen. Volkssturm, Kinder an die Front, Frauen als Flakhelferinnen dienten der aktiven Kriegsführung, die Reichsfrauenführerin Gertrud Scholz-Klink hatte sogar zu »Geburtshöchstleistungen« aufgerufen. Als sie das hörte, musste sie an ihre kleine Tochter denken. Wie mochte es ihr gehen?

Ab und zu besuchte Ida Lüth ihre Schwester, die über ihrem kleinen Kartoffelladen auf dem Holm mit ihren drei Kindern lebte. Die Lage wurde noch schwieriger, als die Familie von Peter Hinrichsen, aus Ostpreußen geflohen, bei Sophie Quartier suchte. Bei keinem dieser Besuche fand sie den Mut, mit ihrer Schwester oder ihrer Schwägerin über ihr eigenes Kind zu reden.

Zum Jahresende 1944 wurde die Pumpenfabrik geschlossen. Es gab kein Material mehr.

März
1945

Ida Lüth kam nicht zur Ruhe. Noch immer hatte sie mit niemandem über ihre eigene Tochter gesprochen. Ihre Familie schied aus, und eine gute Freundin hatte sie nicht. Über ihren Geburtstag konnte sie sich nicht freuen und über den zweijährigen Geburtstag ihrer Tochter noch weniger. Wohin mit den Gefühlen?

Sie schrieb einen Geburtstagsgruß an die Pflegemutter, verbunden mit der Hoffnung, dass diese sich melden würde, so wie vereinbart. Außerdem beruhigte sie sich damit, dass ja nun wenigstens ihre Flensburger Adresse bekannt war.

Auch ihre Schwester war besorgt. Beide Frauen waren völlig ratlos. Es war ihnen klar, dass der Krieg verloren war. Sophie hatte keine Ahnung, ob ihr Mann Johann noch lebte, und wenn, wo? Es war aber genauso möglich, dass sie schon längst Witwe war, und das mit drei Kindern! Das, was man so aus dem Volksempfänger erfuhr, gab keinen Halt und keine Orientierung. Man versuchte die Bevölkerung mit der Androhung von standrechtlichen Erschießungen zusammenzuhalten. Gleichzeitig brachten sich täglich führende Offiziere um. Ganze Militärverbände lösten sich auf. In diesen Tagen nicht verrückt zu werden, war für alle nur ein Wunder.

In ihrer Orientierungslosigkeit kamen die beiden Schwestern auf die Idee, eine Wahrsagerin aufzusuchen. Sophie fragte auf dem Nachhauseweg Ida Lüth: »Was hast du gefragt? Was wolltest du eigentlich von ihr wissen?«

»Ich habe gefragt, ob ich eines Tages sehr reich werden würde!«

»Im Ernst? Und was hat sie gesagt?«

»Sie hat in meine Hände gesehen und sagte, dass sich das erfüllen würde!«

»Ida! Das war alles?«

»Nein, ich habe noch etwas gefragt: Ob ich warten soll.«

»Auf einen Mann?«

»Nein!«

»Ja, worauf dann?«

»Das kann ich dir nicht sagen, das verstehst du nicht!«

»Und – was hat sie geantwortet?«

»Ich soll nicht warten.«

Mit diesem Besuch nahm Ida Lüth innerlich Abschied von ihrer Tochter.

Nach dem Zusammenbruch wollte Ida Lüth nicht nach Rodenäs zurück. Was sollte sie da? Sie lief mit ihrem kleinen Koffer von Flensburg zurück nach Tarm. Doch in der Familie des Wurstfabrikanten fand sie keine Anstellung. Allerdings gab man ihr den Rat, es doch einmal bei der Vertens-Werft zu versuchen. Also lief sie weiter auf das Gut Winning. Und tatsächlich, Karl Vertens erinnerte sich an die junge Frau und stellte sie für seine Werkskantine ein.

11. Februar

1946

Es war unglaublich! Der Krieg war doch erst wenige Monate vorbei, und hier auf der Vertens-Werft wurden Luxusmotorjachten für arabische Kunden gebaut!

Ida Lüth kochte jeden Tag für die etwa 50 Arbeiter. Täglich um halb eins kamen sie in die Baracke, in der die Werksküche und der Speisesaal untergebracht waren. An der Essensausgabe bildete sich sofort eine Schlange. Die Arbeiter waren nicht nur hungrig, sie waren auch neugierig; denn neben der Essensration hofften sie alle, einen Blick auf Ida Lüth werfen zu können, obwohl das schwierig war, denn durch eine Holzblende war ihr Kopf halb verdeckt. Sie trug ihre blonden Haare, wie so viele Frauen in dieser Zeit, nach oben aufgesteckt. Diese Frisur wurde spöttisch als »Entwarnung!« bezeichnet.

Ida Lüth musste schnell arbeiten, schließlich sollten die Männer in nur einer halben Stunde das Essen entgegennehmen, verspeisen und die Teller zurückstellen. Die Männer nahmen sich von einem Stapel die Teller und stellten sich an. Mit einem aufmunternden Kommentar »Guten Appetit!« füllte sie das bisschen Essen auf.

Die meisten hielten ihren Teller schnell und routiniert in die Essensausgabe. Doch dann schob jemand seinen Teller mit einer vorsichtigen Bewegung über den Tresen. Er war neu unter den Arbeitern, ein eher kleiner Mann in den Resten einer Luftwaffenuniform – ein Flieger! Sie versuchte sein Gesicht zu sehen, beugte sich etwas tiefer als üblich und stellte fest, dass der Neue schwarze Haare mit Geheimratsecken hatte, eine sehr italienische Nase und schwarzbraune Augen. Als sie seine Hände sah, war sie überrascht. Das waren zarte und feingliedrige Hände, wobei der rechte Zeigefinger eine deutliche Verletzung zeigte, die seitliche Kuppe fehlte. Bevor sie den neuen Arbeiter näher betrachten konnte, hatte ein anderer auf den Rücken des jungen Mannes geklopft und schob ihn mit den Worten voran: »Nu man to, ik will ok wat eten!«

Als Feierabend war, versuchte sie einen Blick auf die Arbeiter zu werfen. Es war schon dunkel, und Schneegriesel erschwerte die Sicht zu der einzigen Laterne, die am Werfteingang baumelte und ein gelbes Licht streute. Die meisten Männer waren in Wehrmachtsmäntel gekleidet und gingen eilig davon. Sie konnte ihn nicht entdecken. Und sie wusste nicht, dass der neue Arbeiter acht Kilometer nach Schuby laufen musste, um zu seinem Quartier zu kommen.

3. März

1946

»Fräulein Ida, Sie hatten gestern Geburtstag! Herzlichen Glückwunsch und alles Gute! Ich habe Ihnen ein kleines Geschenk mitgebracht!« Auf einem kleinen Stück Brett, das als Abfall beim Innenausbau einer Jacht übrig geblieben war, hatte der ehemalige Flieger einen Blumenstrauß gezeichnet. Das war aber nicht nur ein Blumenstrauß, sondern dieser wurde von einem jungen Mann überreicht, der in seiner karikaturistischen Art eben jenen Fähnrich zeigte, der sich dabei auch noch aus einem Flugzeug beugte!

Es gab nichts. Und schon gar keine Blumen. Und dann kommt einer und malt auf ein Stück Holz, einfach so, mit einem Zimmermannsbleistift eine kleine Geschichte. Heinz-Werner Köhler hatte soeben ein Herz erobert.

Frühling
1946

Wann immer Ida Lüth mit diesem neuen Arbeiter sprach, wurde sie immer sicherer, seinem möglichen Werben nichts entgegensetzen zu wollen. Dieser Mann entsprach genau ihren Wünschen: kein Bauer, sondern ein intelligenter und gebildeter Mann, der feine Hände hatte und aus einer richtigen Stadt kam. Sie war sehr sicher, dass er nicht die Absicht haben würde, hier bei der Vertens-Werft zu bleiben.

»Warum arbeitest du eigentlich hier auf der Werft?«

»Es gibt für das Einbauen von Schiffsmotoren die meisten Lebensmittelmarken. So einfach ist das.«

Juni
1946

Der Samstagnachmittag hatte etwas. Er war von einer entspannten Fröhlichkeit getragen. Ihm fehlte diese lähmende Feierlichkeit des Sonntags. Als endlich um eins die alte Schiffsglocke den Feierabend auf der Werft verkündete, ging Heinz-Werner Köhler hinaus auf den Bootssteg, der von der Werft aus in die Schlei ragte. Links vom Steg versanken die Schienen der Slipanlage. Am Ende des Steges setzte er sich und blickte nach Westen, Richtung Schleswig, und wartete. Die Holzbohlen waren warm, und die sanfte Schlei gluckerte.

Auch für Ida Lüth war jetzt Wochenende. Sie setzte sich neben ihn auf den Steg. Er griff zu seinem Zigarettenetui und bot ihr eine selbst gedrehte Zigarette an. Sie liebte den Geschmack von Tabak. Als er das Etui zuklappte, sah sie auf dem Deckel das Eiserne Kreuz Erster Klasse.

»Musstest du das nicht abgeben? Es ist doch verboten, Symbole aus der Nazi-Zeit zu behalten?«

»Klar ist das verboten! Nur wenn der Orden an einem persönlichen Gegenstand befestigt ist, dann darf man ihn behalten. Also habe ich mein EK 1 auf die silberne Zigarettendose gelötet!«

»Bedeutet der Orden dir viel?«

»Er ist Erinnerung.«

»Ich will daran nicht erinnert werden«, wandte sie ein. »Wofür hast du den Orden eigentlich bekommen?«

»Das war schon 1939 zu Beginn des Blitzkrieges gegen Polen. Wir haben die entscheidenden Luftaufnahmen für die Schlacht von Bzura gemacht. Und obwohl unsere Aufklärer nur leichte Bewaffnung hatten, konnten wir einen polnischen Luftangriff abwehren und holten einen Vogel runter. Daraufhin bekam die gesamte Besatzung das EK 1.«

»Wir haben hier vom Krieg eher wenig mitbekommen … wo warst du eigentlich während des gesamten Krieges?«

»Nach dem Polenfeldzug ging es zurück in die Nähe von Berlin; weiter nach Frankreich bis Brest; dann ging es nach Norwegen; von dort sind wir nach England geflogen,

Die Zigarettendose von Heinz-Werner Köhler mit dem EK 1

gucken, was der Tommy so macht; dann Nordafrika, bis wir da die Hucke vollgekriegt haben, und dann Russland. Zum Schluss, als der Endsieg unvermeidbar wurde, kam ich hier nach Schleswig-Holstein, um Fallschirmspringer auszubilden; Volkssturm, fast Kinder; die hatten jedenfalls Glück – wir hatten nämlich keine Flugzeuge mehr. Und dann endete das Tausendjährige Reich nach zwölf Jahren und ich in der Kriegsgefangenschaft, hier bei den Engländern im Lazarett in Schuby.«

»Ich habe noch etwas Muckefuck – ich mach uns einen Kaffee, und du erzählst mir mehr.«

Er nahm die beiden Zigarettenstummel und legte sie in das Etui zurück, schließlich konnten die letzten Tabakkrümel weiterverwendet werden; bei einer Zuteilung von 40 g Tabak im Monat ist man nicht wählerisch.

Heinz-Werner Köhler erzählte Ida Lüth von seinem Traum vom Fliegen. Aber er erzählte auch vom Notabitur, seinem abgebrochenen Studium und seinem Leben als Offizier. Passte Ida Lüth nicht auf? Hörte sie nur dann genau hin, wenn es in ihr Bild passte? Wie konnte jemand in sieben Jahren Krieg nur Fähnrich werden, gleichzeitig aber EK1 und EK2 tragen? Dieser Mann war Maschinenschlosser. Und er war klein. Jedenfalls mussten auf die Fußpedale Holzklötze geschraubt werden, damit er die Höhenruder bedienen konnte. Seine Körpergröße und die Tatsache, dass er sich freiwillig gemeldet hatte, hatten ihm die Chance bei der Luftwaffe eröffnet.

»Russland war hart. Wir waren in Bobriusk stationiert. Von hier flogen wir mit einer Junkers 884(F)11 weit hinter die russischen Linien, um ihre Nachschubwege auszukundschaften. Einmal haben sie mich geschnappt. Wir waren schon auf dem Rückflug. Plötzlich waren sie da. Drei Maschinen. Eine griff von unten an und zwei von hinten und oben. Mein lieber Scholli, die schossen mir ganz einfach von hinten die komplette Kanzel weg! Der Funker Kühenne und ich saßen auf einmal im Freien – die ganze Glaskanzel fehlte! Der Bordschütze Kleinschmidt und der Turmschütze Liebe – beide tot. Und nach meiner Landung sah ich, dass die Beobachterwanne, in der der Beobachter Bodoreck lag und Fotos machte, auch weggeschossen war. Der war einfach weg! Ich habe drei Kameraden auf diesem Flug verloren! Von diesem Beschuss habe ich heute noch kleine Splitter im Ohrläppchen. Ach, und die fehlende halbe Fingerkuppe an meinem Zeigefinger erinnert mich auch noch an diesen Flug.«

August
1946

»Gestern habe ich einen Brief bekommen. Meine Mutter ist am 30. Juli verstorben.«

»Oh, du Armer! War sie krank? Wann hast du sie das letzte Mal gesehen?«

»Irgendwann im Krieg war ich mal zu Hause. Ich hab's vergessen.«

»Willst du nicht wenigstens deinen Vater besuchen?«

»Ich fahre nicht in die sowjetische Zone. Mir fehlt auch das Geld.«

»Lebt eigentlich deine ganze Familie in Chemnitz?«

»Was heißt ganze Familie? Mein Vater lebt noch in der Andréstraße. Mein Bruder Gerhardt ist wohl in der amerikanischen Zone oder in Berlin. Meine Schwester, die ist beim Ballett, ich glaube, in Rostock. Und …« Er unterbrach.

»… und was und?«

»Nichts, das erzähl ich dir vielleicht später einmal.«

Aber Ida Lüth hätte gerne erzählt. Hätte endlich einmal von ihrer Tochter sprechen wollen. Aber es ging nicht. Sie konnte das Thema nicht ansprechen. Wie würde dieser Mann reagieren? Sie wusste vor allem selber nicht, wo ihr Kind war. Man hatte doch verabredet, den anderen über den jeweiligen Wohnort zu informieren. Doch in der Nachkriegszeit ging so vieles drunter und drüber.

Aber mit diesem Mann änderten sich die Möglichkeiten. Ida Lüth platzte heraus: »Ich möchte dir jetzt etwas erzählen und dabei nicht warten, bis es einmal zu spät dafür ist. Heinz-Werner …« Sie hielt einen Augenblick inne, als wollte sie noch einmal kurz nachdenken, doch dann fuhr sie fort: »Ich habe eine Tochter!«

Er dachte sich: Klar, so eine Frau ohne Mann, das geht doch gar nicht. »Bist du verheiratet oder Kriegswitwe?«

»Nein, nein! Ich habe ein Kind zur Welt gebracht, das ich nicht behalten wollte. Es ist sofort von einer Familie in der Nähe von Innsbruck adoptiert worden. Und so wahr ich hier sitze: Das weiß niemand! Du bist der erste Mensch, dem ich das anvertraue!«

Er nahm sie in seine Arme und flüsterte: »Mein Hase!« Sein sächsischer Dialekt klang jetzt noch weicher.

21. Dezember
1946

Obwohl Papier so knapp war, Hochzeitskarten mussten sein. Und tatsächlich fand Heinz-Werner Köhler in Schleswig eine Akzidenzdruckerei, die das geeignete Papier hatte.

Ida Lüth nahm vorsichtig eine Karte und las den Text: »Als Vermählte grüßen« – sie rief: »Heinz-Werner! Mein Name ist falsch! Hier steht Ika-Kristine!«

»Ich weiß, mein Schätzchen, das ist ein Druckfehler – da kann man nichts machen!«

»Aber so heiße ich doch überhaupt nicht!«

»Druckfehler passieren nun mal. Beschweren hilft da nicht. Und Papier ist doch knapp. Schau, mein Vater hatte eine Druckerei in Chemnitz. Ich kenn mich da aus. Beschweren nutzt nichts!«

»Heinz-Werner! Ich bin Ida-Christine Hinrichsen, die Tochter des Kätners Lütge Hinrichsen aus Rodenäs!« Und genau ihr Vater hatte auf ihren Brief, dass sie jetzt heiraten werde, mit »Nein!« geantwortet! Er erlaubte seiner Tochter nicht, einen Mann zu heiraten, den er nicht kannte und der nicht aus seiner Gegend war. Schon immer war es so gewesen, dass die Väter festlegten, wer wen heiraten sollte.

»Mein Hase!« Er griff nach ihrer Taille, um sie herumzudrehen. »Ich denke, du bist froh, diesem Kaff entflohen zu sein?«

»Das hat doch damit nichts zu tun! Was muss man eigentlich alles aufgeben, wenn man es besser haben will?«

Sie hatten Karl Vertens als Trauzeugen gewählt. Und auch der fragte sofort: »Wie kommt es zu diesem Namen?«

»Ein Druckfehler!«, sagte Heinz-Werner Köhler.

»Das ist Pech«, meinte Vertens, »da kann man nichts machen. Wer weiß, wo die Dame mit diesem Namen wirklich lebt? Na, Hauptsache, Sie haben den richtigen Mann!«

Tatsächlich hatte er beim Standesamt den Namen Ika-Kristine angegeben. Er fand ihn einfach moderner. Er nutzte die Gelegenheit der Trauung, durch eine Namenskorrektur seiner zukünftigen Frau die Gelegenheit zu geben, die Trennung von dem Bauerndorf Rodenäs zu vollziehen. Ida Lüth und Heinz-Werner Köhler wurden am 21. Dezember 1946 in Moldenit standesamtlich getraut.

2. März
1947

Es gab nicht viel – falsch – es gab fast nichts mehr. Und in dieser so armen Zeit malt Heinz-Werner Köhler wieder ein kleines Bild. Auf ein Stück Sperrholz, etwa so groß wie eine kleine Postkarte, zeichnet er mit Bleistift eine französische Lilie. Das Bild wird auf der Rückseite mit den Worten signiert: »Meiner Frau zum Geburtstag. 2. III. 47.«

Frühling
1947

»Heinz-Werner, heute Abend gehen wir in den Dorf-Krog von Moldenit. Da kommen Leute aus Schweden, die suchen Arbeiter! Das wäre doch vielleicht was für uns …«

Und tatsächlich standen zwei kräftige Männer im Krog und erzählten in einem skandinavischen Singsang von den außergewöhnlichen Perspektiven, die sich allen Zuhörern böten, wenn sie denn nur nach Schweden auswandern würden. Es gäbe Häuser für jeden, der Strom sei frei, Urlaub sowieso und als regelmäßigen Lohn echte schwedische Kronen. Gesucht wurden Arbeiter für ein Eisenerzbergwerk im Tagebau.

Für den Flieger wäre es unmöglich gewesen, unter Tage zu arbeiten – aber Tagebau, warum nicht, und sie hatten alle Hunger.

Am nächsten Tag ging Heinz-Werner Köhler noch einmal nach Moldenit. Er suchte die Schule und hoffte, den Schulmeister zu treffen. Tatsächlich öffnete ihm ein streng blickender Herr, zog die Augenbrauen hoch: »Bitte?«

»Verzeihung, haben Sie einen Atlas? Ich möchte nur einen Blick auf Schweden werfen – bitte.«

Der Atlas war schnell gefunden, doch dann begann die Suche nach Kiruna. Endlich, in der nördlichsten Provinz von Schweden, war der kleine Ort entdeckt.

»Ika, wenn wir da hingehen, dann wohnen wir oberhalb des Polarkreises! Weißt du, wie lang Schweden ist? Und dann in über 700 m Seehöhe! Wir haben dort zwar die Mittsommernacht, aber sonst haben wir nur Kälte, Dunkelheit und Winter!«

»Das habe ich ja gar nicht gewusst! Sie suchen ja nicht ohne Grund Arbeiter aus dem Ausland …!«

Ida Lüth versuchte ihrem Mann Mut zu machen. Die Chance, ordentliches Geld zu verdienen, war ihr groß genug. Doch ihr Mann zögerte, konnte oder wollte sich nicht entscheiden. Sie sollte im Laufe ihrer Ehe immer wieder feststellen, dass dieser Mann nichts so sehr fürchtete wie Veränderungen. Vielleicht war es eine Reaktion auf sieben Jahre Krieg – und sein Wunsch, endlich einen ruhigen Platz zu finden.

1. März
1948

Fast hätte es geklappt. Einen Tag vor ihrem 27. Geburtstag wird Ida Lüth am 1. März in Schleswig von ihrem ersten Sohn entbunden. Er wird auf den Namen Hans-Uwe Lütge Köhler getauft. Ihr Mann malt erneut ein

Der erste Sohn kommt auf die Welt

Bild: Er zeichnet mit Bleistift einen Storch, der ein Kind auf dem Rücken trägt. Das Bild trägt den Titel: »Reise ins Leben.«

26. Mai
1950

Der zweite Sohn kommt auf die Welt. Er wird den Namen Holger Christian Köhler tragen. Er will nicht recht ins Leben und verweigert die Nahrung. Zum Glück ist sein Vater arbeitslos und kann ihn mit kleinsten Mengen päppeln. Holger muss dann doch zurück ins Krankenhaus und wird künstlich ernährt. Damit der kleine Kerl nicht verhungert, wird verzweifelt nach Möglichkeiten gesucht, was Holger essen könnte. Endlich gibt es etwas, was ihm schmeckt: dünnflüssiger Kartoffelbrei mit Vanillepudding!

1. August
1950

Es gibt wieder Arbeit! Das wechselhafte Auf und Ab auf der Werft hat ein Ende. Heinz-Werner Köhler findet Arbeit bei einer kleinen Firma mit einer hochinteressanten Produktidee! Wie bewahrt man eigentlich technische Zeichnungen oder Landkarten auf? Man legt sie aufeinander oder rollt sie zusammen. Und hier hatte Karl Möbus eine Idee: Wenn man diese großen Papierblätter mit einem entsprechend harten Pappestreifen versehen würde, den dann lochte, dann könnte man diese Zeichnungen auf Hohlstangen hängen. Das wäre die platzsparendste Form, um Papier aufzubewahren. Wenn dann gleichzeitig noch ein Dorn in die Hohlstange reichen würde, dann könnte man die Blätter sogar – auf diesen dann zwei Stangen – hin- und herschieben; und damit stand die patentierte Idee des Zeichnungsordners Möbus!

Um zur Arbeit zu kommen, musste Heinz-Werner Köhler allerdings von Winning über Schleswig um die Schlei herum nach Borgwedel laufen! Jeder Weg dauerte eineinhalb Stunden!

20. Mai
1951

Wieder ein Sohn. Er wird auf den Namen Joachim Gerhard Köhler getauft. Ein kugelrunder Kerl – mit sich und der Welt höchst zufrieden.

Mai
1952

Ida Lüth musste mit ihrem ältesten Sohn zum Kinderarzt nach Schleswig. Also lief sie mit dem kleinen Kerl an der Hand zur Bahnstation von Moldenit. Sie hatte einen strammen Schritt drauf, sodass ihr Sohn kräftig laufen musste.

»Mama, die Hose kratzt!«

»Beeil dich, die Hose kratzt nicht!« Es war eine selbst gehäkelte Hose aus blauer Wolle.

»Mama, die Hose kratzt aber!«

»Die Hose kann gar nicht kratzen!«

Mit leicht weinerlicher Stimme folgte Hans-Uwe seiner Mutter. Im Schienenbus nach Schleswig verstummte der Hinweis auf das Kratzen.

Welche Mutter kennt das nicht, dass das Kind nörgelt und quengelt, weil es kratzt?

Das Stück Straße vom Bahnhof zum Arzt musste wieder gelaufen werden, und wieder der Hinweis: »Mama, die Hose kratzt so!«

Endlich da! Eine genervte Mutter mit dem herumquengelnden Sohn beim Kinderarzt. Das Warten dauerte. Dann der Ruf: »Der Nächste bitte!« Ida Lüth nahm ihren Sohn und betrat das Zimmer des Arztes. Der hob den kleinen Kerl hoch und stellte ihn auf den Untersuchungstisch. »So, Frau Köhler, dann ziehen Sie mal dem Sohnemann Hemd und Hose zur Untersuchung aus!«

Als sie die Hose an den Beinen nach unten streifte, war klar: Sie hatte gekratzt! Eine Stecknadel war offensichtlich beim Zusammennähen der Wollteile vergessen worden und hatte die zarte Haut auf der Schenkelinnenseite mit jeder Bewegung, mit jedem Schritt blutig zerschnitten. Ida Lüth war vor Schreck ganz bleich: »Aber Hans-Uwe, warum hast du denn nichts gesagt …?«

Juli
1952

Die junge Zeichnerin arbeitete an der Kombüseneinrichtung einer kleinen Jacht. Hin und wieder blickte sie nach draußen, um ihre Augen zu entspannen. Sie warf einen kurzen Blick auf den Jungen, der mit einer Möhre in der Hand auf den Brunnen zulief. Sie sah noch, wie er versuchte, an das fließende Wasser zu gelangen.

Während die Werft mit ihrem Gelände knapp auf Wasserhöhe der Schlei lag, befand sich die Baracke westlich davon etwas erhöht gelegen. Von der Werft zur Baracke führte eine Treppe. Südlich dieser Treppe lag der Brunnen. Er hatte ständig fließendes Wasser, gespeist von einer Quelle, die man angezapft hatte, um die einzelnen Wohnungen in der Baracke mit Wasser zu versorgen.

Ida Lüth ermahnte ihren Sohn: »Wasch die Möhre gut ab!« Und genau das hatte Hans-Uwe vor. Er kletterte auf den Rand des Brunnens und wollte die Möhre unter das fließende Wasser halten, doch der Schwenkhahn war zu weit weg. Also beugte er sich noch weiter vor, um ihn näher heranzuziehen.

Als die junge Frau wieder nach draußen sah, fehlte der Junge. Doch dann sah sie ihn. Er trieb im Wasser des Brunnens mit dem Kopf nach unten, kein Gezappel oder Gestrampel. Sie schrie nach einem Kollegen, und schon rannte sie los. Aus dem Büro raus, die Treppe runter, aus der Werft raus, über das Gelände, dann die Treppe hoch und links rum zum Brunnen. Oben an der Treppe sah sie Ida Lüth im Garten arbeiten und schrie: »Frau Köhler, ihr Junge liegt im Brunnen!« Sie rannte an den Brunnen und riss das Kind aus dem Wasser.

Eigenartigerweise erkrankte der Junge an Gelenkrheumatismus. Der viel schwerere Defekt wurde erst vier Jahre später entdeckt.

Oktober
1952

Inzwischen musste Heinz-Werner Köhler nicht mehr täglich die Strecke Winning–Borgwedel laufen. Die Firma hatte einen hellblauen VW-Bus gekauft. Nun war es seine Aufgabe, jeden Morgen die Mitarbeiter aus Schleswig aufzupicken und abends wieder abzuliefern.

Eines Abends kam Ida Lüths Mann ganz aufgeregt von der Arbeit. Er hatte wichtige Neuigkeiten! »Stell dir vor, Möbus will umziehen! Die haben ein Fabrikgelände bei Hannover gefunden. Und neben der Fabrik werden drei Häuser entstehen mit sechs Wohnungen! Und man hat mich gefragt, ob ich nicht mitkommen will! Ika, mein Hase! Wir kämen hier raus. Weg aus Winning! In die Nähe einer richtigen Stadt!«

»Wann soll das losgehen?«

»Der Firmenumzug ist für Beginn des kommenden Jahres geplant, sobald das erste Haus bezugfertig ist. Dann beginnt auch der Bau der zwei weiteren Häuser. Wenn unser Haus dann fertig ist, hole ich dich und die Kinder nach.«

»Wann?«

»Im Frühling 1954.«

Ida Lüth musste nicht lange überlegen. Sie würden die Zeit überstehen. Und Heinz-Werner Köhler tröstete sie mit dem Versprechen, ganz viel zu schreiben. Außerdem würde er doch im Urlaub und zu Weihnachten kommen. Ida Lüth musste weder getröstet noch beruhigt werden. Sie sah das als die Zukunftschance!

1. April
1954

Sie waren die Letzten, die die Baracke in Winning verlassen sollten. Ida Lüth hatte alles gepackt. Lediglich ein Schrank und die Betten mussten noch auseinandergebaut werden. Ihr Mann war gekommen, um sie und die Kinder zu holen. Der blaue VW-Bus würde sie nach Meitze bringen. Aus den Bildern, die er in seinen Briefen gemalt hatte, und aus seinen Schilderungen hatte sie eine deutliche Vorstellung, wohin die Reise gehen sollte. Endlich weg!

Der Lkw hatte schon zwei weitere Umzüge für den Großraum Hannover geladen. Der Hausstand von Ida Lüth passte noch gut hinein. Am späten Nachmittag fuhren sie bei strömendem Regen los. Ida Lüth saß neben Heinz-Werner Köhler, ihre drei Söhne auf den hinteren Sitzen. Auf Landstraßen fuhren sie nach Hamburg. Dann quer durch diese so furchtbar verletzte Stadt. Selbst nachts, neun Jahre nach den Bombenangriffen, waren diese grässlichen Lücken zu sehen.

Ida Lüth war eigenartig berührt, als sie auf die Shell-Tankstelle zurollten. Mitten in der Nacht das viele Licht, leuchtendes Gelb und kraftvolles Rot signalisierten ihr Zuversicht!

Dann fuhren sie durch die Lüneburger Heide, der Lkw mit leichtem Zeitabstand hinter ihnen her. Die Landschaft war nur zu ahnen, aber es war ihr auch nicht wichtig. Als die Morgendämmerung aufzog, passierten sie den größten englischen Truppenübungsplatz, der sich quer durch die Heide zog. Ohne Vorwarnung rasselte ein englischer Tank quer über die Bundesstraße und verschwand mit brüllendem Motor im Halbdunkel. »Oh Gott, Heinz-Werner!«

»Ich pass schon auf!«

Es war hell geworden. Sie fuhren jetzt durch eine völlig flache Landschaft, in der sich Kiefernwälder und Roggen- mit Kartoffelfeldern abwechselten. In Elze-Bennemühlen verließen sie die Bundesstraße und folgten der Landstraße nach Meitze. Ein kleines kompaktes Dorf, in dem die Bauernhäuser sich unter riesigen Eichen versteckten. Sie fuhren am Hof des Bürgermeisters vorbei, an einem kleinen Lebensmittelgeschäft, dem Feuerwehrgerätehaus, direkt anschließend lagen das Gasthaus Willy Langehennig, der Bäcker Depke, dann die Schule. Die Dorfstraße machte einen kleinen Bogen, es folgte der Kohlenhändler und Lebensmittelladen Depke, danach noch ein Gasthaus, diesmal Gustav Langehennig, und schließlich eine kleine Fabrik auf der rechten Seite. Dann war Meitze zu Ende.

Jetzt folgte eine Birkenallee, und bald waren die Häuser der Werkssiedlung zu erkennen. Sie konnte es kaum fassen! Ein neues Haus. So neu, dass noch nicht einmal der Putz aufgetragen war. Die Treppenstufen, die in das Haus führten, waren noch aus Bauholz, nicht schlimm! Innen alles weiß und frisch und neu! Es roch so wunderbar nach Kalkfarbe. Sie war hingerissen! Eine Küche mit Herd. Dabei eine Speisekammer, ein Wohnzimmer und ein gleich großes Schlafzimmer. Sie eilte die Treppe hoch. Rechts ein kleines Zimmer für die drei Jungs und dann links die Tür ins Badezimmer. Unglaublich! Eine Toilette mit fließendem Wasser! Ida Lüth jubelte! Sie war endlich dieses vermaledeite Plumpsklo los! Und daneben stand eine weiße Wanne. Das Badewasser kam aus einem Badeofen, und, wenn man wollte, sogar mit Dusche!

Für Ida Lüth war in diesem Augenblick klar, dass sie in einem neuen Leben angekommen war!

Mai
1954

Die Werkssiedlung hatte eine ungewöhnliche Lage. Auf der Nordseite der von West nach Ost laufenden Birkenallee lagen die drei Häuser mit den sechs Wohnungen und das eigentliche Firmengelände. Auf der Südseite, gegenüber der Fabrik, lag die sogenannte Villa, in der die Familie Möbus lebte. Das Haus war direkt an eine mittelhohe Kiefernschonung gebaut.

Es gab nicht nur den Ortskern Meitze mit seinen Bauernhöfen, der etwa einen Kilometer westlich von der Siedlung lag. Fuhr man die Birkenallee jedoch weiter, kam man nach wiederum einem Kilometer im Meitzer Busch an. Hier, in den ehemaligen Wochenendhäusern von Leuten aus Hannover, hatte man Flüchtlinge untergebracht. Ihre Zahl war etwa gleich groß wie die der Einwohner im Dorf selber.

Freitags gab es den Wochenlohn, bar ausgezahlt, in einer braunen Tüte, mit dem dazugehörigen Lohnstreifen, der auch gleichzeitig alle Steuern auswies. Ida Lüth kaufte Freitagnachmittag das erste Mal ein. Sie lief eine Viertelstunde bis zum Kaufmann. Natürlich wurde sie beäugt. Und auch befragt.

Sie hatte nicht das Gefühl, herzlich willkommen zu sein. »Nein, wir sind keine Flüchtlinge! Wir kommen aus Schleswig-Holstein!« Sie sah, wie sich das Gesicht des Kaufmanns Wöhler entspannte.

Er und seine Frau standen hinter einem Tresen, der deutlich eine Trennlinie zwischen den Kunden und den Inhabern zog. »Ach, Ihr Mann ist der nette Herr, der von Beginn an bei Möbus arbeitete! Er erzählte einmal, Ihre Familie sei alter Bauernadel?«

»Nun ja, wir lebten schon sehr lange in Südtondern.«

»Warum erzählst du, ich sei aus altem Bauernadel?«

»Ich wollte es diesen Bauerntrotteln einfach nur zeigen! Wir haben mit denen sowieso nichts zu tun.«

Sie war damit nicht zufrieden, nicht einverstanden, sah

Familie Köhler im Mai 1954

aber den Vorteil, sich doch von den Bauern fernhalten zu können.

Und tatsächlich stellte sich bald heraus, dass man deutlich zwischen den »Meitzern« und den »Buschern« unterschied. Man wollte schlicht und einfach nichts miteinander zu tun haben. Und mittendrin diese Werkssiedlung.

Ida Lüth musste sich in ihrer neuen Welt zurechtfinden.

In ihrem Haus gab es noch ein Zimmer. Dort im Obergeschoss lebte Felizitas Heyl, die Sekretärin der Firma. Das Geld war knapp, also war eine Untervermietung nicht von der Hand zu weisen. Das Bad zu teilen, wurde nicht als schwierig empfunden, alle hatten in den letzten Jahren das Teilen gelernt. Die beiden Frauen, obwohl fast gleich alt, siezten sich, wobei Felizitas Ida Lüth »Ika« rief. Die Vertrautheit zwischen Felizitas Heyl und ihrem Mann störte sie, ja, zunehmend fand sie weniger Gefallen an der Untermieterin.

Im dritten Haus mit Blick nach Westen und nach Meitze wohnte die Familie Walter mit ihren beiden Söhnen. Wilhelm Walter war Thüringer und der Buchhalter der Firma. Heinz-Werner Köhler mochte ihn nicht. Wilhelm Walter war belesen und ein erstklassiger Gärtner. Dieser korpulente Mann hatte einen grünen Daumen, dass alle Nachbarn vor Neid platzten. Konnte es sein, dass sich Thüringer und Sachsen nicht grün sind?

In der anderen Hälfte des ersten Hauses wohnte die Familie Gesolowitz. Sie hatten eine kleine Tochter, deutlich war aber auch schon die Schwangerschaft für ein weiteres Kind, wieder eine Tochter, zu erkennen. Kurt Gesolowitz war Zuschneider für Holzplatten. Seine Frau arbeitete an der Stanze für den speziellen Pappstreifen der patentierten

Möbus-Idee. Die Gesolowitz entsprachen nicht dem Bildungsanspruch von Ida Lüth und ihrem Mann.

Im Nachbarhaus der Köhlers lebten Herbert Huke und seine Frau. Huke war Tischlermeister und die technische Autorität in der Fabrik.

Im ersten Haus, das der Fabrik am nächsten stand, wohnte der Prokurist Dietrich Stricker mit seiner Frau Charlotte. Er war ein absolutes Leckermaul, was Charlotte sehr missfiel. Sie war aus gutem Hamburger Hause, hatte eine Haut, auf der eine unvorstellbare Menge an Sommersprossen Platz fand, und versuchte das Leckermaul in seiner Fresslust zu bremsen. Immer wieder klagte sie über sein viel zu hohes Gewicht, kürzte noch mehr die Portionen – und verstand die Welt nicht mehr. Die ganze Siedlung schmunzelte, denn der »Dicke« – so wurde Dietrich Stricker genannt – fraß heimlich. Bei Strickers gab es noch einen Kinderersatz – eine Pudelhündin – Penelope.

Sommer
1954

Das Geld reichte bei den meisten Familien nicht. Deshalb war man in der Siedlung froh, dass zu jeder Wohnung ein kleines Stück Land gehörte, um Gemüse anzupflanzen. Alle freuten sich darüber – bis auf die Köhlers. Sie hatten zwar Kartoffeln, Bohnen, Möhren, Gurken und Erdbeeren gepflanzt, aber ganz in ihrem Innern war ihnen die Gartenarbeit zuwider, sie gehorchten nur der Not. Ida Lüth empfand das Wühlen in der Erde als ständige Erinnerung an das Hofleben eines Bauern. Heinz-Werner Köhler ärgerte sich über die Gartenarbeit – nicht so sehr, weil sie schwer war, sondern weil der

Prokurist Stricker kein Gemüse anbaute und stattdessen einen Rasen anpflanzte. Als Ausdruck dafür, dass sie einen Garten eigentlich nicht notwendig hätten, säte er über die gesamte Breite des Gartens ein riesiges Blumenbeet. Er pflanzte die Blumen nicht – er mischte sämtliche Blumensamen in einer Schüssel, streute sie über das gesamte Beet und harkte die Samen einfach unter. Das war seine Vorstellung von Gartenbau!

Im Laufe der nächsten Jahre verschwanden die Nutzgärten immer weiter nach hinten, und vorne wurden Rasenflächen angelegt. Mit Ausnahme von Wilhelm Walter, der pflegte sein Gärtnerhobby.

Weil die Erträge aus dem Garten aber bei Weitem nicht reichten, übernahm Ida Lüth die Putzstelle in der Fabrik. Jeden Abend nach Arbeitsende ging sie hinüber und putzte die Toiletten, bohnerte die Fußböden im Büro und leerte die Papierkörbe.

So sehr sie das Geld auch brauchte, so sehr missfiel ihr diese Arbeit. Sie fühlte sich unterlegen, geringwertiger als alle anderen in der Siedlung. Bei Vertens galt sie als Köchin etwas, aber hier? Es war nicht so, dass man sie herablassend behandelte. Sie fühlte sich einfach nicht geschätzt.

Sie fand auf einem Kalenderblatt einen kleinen Text, den sie ausschnitt und ihrem Mann hinlegte:

Ein Meisterwerk Brahmas

Nach Erschaffung des Menschen durch Brahma
erwies sich, dass alle Stoffe aufgebraucht waren.
So nahm Gott von verschiedenen Dingen, um aus
ihnen zur Unterhaltung des Mannes das Weib zu

erschaffen: die Rundungen des Mondes, die Wellenlinien der Schlange, die Schmiegsamkeit der Liane, das Zittern des Grases, die Schlankheit des Schilfrohres, den Samt der Blumenblätter, den ängstlichen Rehblick, die Furchtsamkeit des Hasen, die Eitelkeit des Pfaus, die Härte des Diamanten, die Süße des Honigs, die Hitze des Feuers, die Kälte des Schnees und die Weichheit des Flaumes, der den Hals des jungen Sperlings bedeckt. Er tauchte es in die Heiterkeit des Himmels, gab ihm die Unbeständigkeit des Windes und die Tränen der Wolken. Dann gab er ihm Stimme: das Plaudern des Hähers und das Gurren der Taube.

Unter diesen Text schrieb sie: »War Dir das bekannt?«

Rechts vom Text zeigte eine kleine Grafik zwei Inder mit dem Untertitel: »Der Gott war seines Werkes zufrieden, nur die Männer murren noch heute.«

Ida Lüth schrieb: »Du auch?«

1955

Ida Lüth hatte immer wieder Zahnschmerzen. Bei ihr schien das zuzutreffen, was als allgemeine Volksweisheit galt: Jedes Kind kostet einen Zahn. Im Nachbarort gab es einen Dentisten, Walter Richter. Er erklärte Ida Lüth, dass ihr sämtliche Zähne im Oberkiefer entfernt werden müssten. Deshalb würde er jetzt einen Abdruck von ihren beiden Kiefern machen und daraus Gipsmodelle herstellen. Auf dem Oberkiefermodell würde er zunächst alle Zähne entfernen und durch neue, künstliche ersetzen. In einer Woche solle sie dann wiederkommen. Er würde ihr dann alle Zähne ziehen, und sie hätte sofort ihre Prothese mit schönen, neuen Zähnen.

Ida Lüth war damit einverstanden. Schließlich hielt sie es auch für einen Fortschritt, dass sie nicht ohne Zähne herumlaufen müsste.

Eine Woche später geschah es dann. Nachdem bereits vier Zähne fehlten, wurden auch die anderen zehn Zähne im Oberkiefer entfernt. Und direkt auf diese frischen Wunden wurde die fertige Prothese platziert. So fremd das Gefühl mit der Prothese auch war, sie war doch froh, diese Quälgeister los zu sein. Dann sah sie im Spiegel zum ersten Mal ihren Mund mit den neuen Zähnen. So schöne Zähne hatte sie noch nie!

Ida Lüth radelte wieder von Elze-Bennemühlen nach Meitze zurück. Während sie mit der rechten Hand das Fahrrad lenkte, hielt sie mit der anderen Hand ein Taschentuch vor den Mund. Sie schmeckte das Blut im Mund, und der gesamte Oberkiefer tat ihr weh. Außerdem löste der hintere Rand der Prothese immer wieder Würgereize aus, sodass sie glaubte, sich jeden Augenblick übergeben zu müssen. Der seitliche Westwind stieß sie immer wieder hin und her.

Frühjahr
1956

Wenn sich sechs Menschen ein Badezimmer teilen müssen, dann kommt es auf eine gute Einteilung an. Man hatte sich geeinigt, dass Felizitas Heyl täglich beginnen würde. Sie sang und summte immer kleine Melodien. Eines Morgens öffnete Hans-Uwe die Jungenzimmertür, trat auf den Flur und schaute durch das Schlüsselloch ins Bad. Was für ein Anblick! Felizitas stand in der Wanne, in der einen Hand die Brause und in der anderen einen Schwamm. Sie hatte sich nach vorne gebeugt, um ihre Beine zu waschen. Doch für den kleinen Jungen waren es nicht die Beine, es war ihr wunderschöner Busen, einer Marmorstatue gleich, der ihn völlig faszinierte. Er teilte dieses Geheimnis nicht mit seinen Brüdern. Er fand noch einige Male zu diesem intimen Moment zurück. Doch dann zog Felizitas aus, in die Wohnung im ersten Haus.

Ida Lüth war glücklich! Jetzt konnten die drei Jungs in das größere Zimmer ziehen, und sie würde aus dem kleinen Zimmer ein Näh- und Bügelzimmer machen. Und insgeheim hoffte sie, auch einen kleinen Ort zu finden, an den sie sich zurückziehen konnte.

Sommer 1956

»Die Lehrerin Ihres Sohnes hat recht. Hans-Uwe muss behandelt werden.«

»Kennen Sie den Grund seines Verhaltens?«

»Das ist schwer zu sagen. Vielleicht kommen wir durch die Spieltherapie dahinter.«

Frau Dr. Muchow fuhr fort, ihre Anamnese zu erläutern. Der Lehrerin Bahmann war aufgefallen, dass der Junge sich zurückzog, den Kontakt zu anderen Kindern mied. Wenn er die Nähe eines Menschen suchte, dann waren das eher alte Menschen, wie der Bauer Willi Wöhler. Sie erläuterte Ida Lüth, dass es bei Erstgeborenen leicht zu einer verstärkten Übernahmeverpflichtung von Verantwortung kommen kann, die dann als Überforderung empfunden wird. Eine mögliche Reaktion darauf ist die Umkehrung, also den Kontakt zu älteren Menschen zu suchen, die das Tragen von Verantwortung aus Sicht eines Kindes gewöhnt sind. Sie erwähnte noch die Möglichkeit, dass es ein zurückliegendes Ereignis geben könnte, das mit einer starken Ermahnung versehen gewesen ist, zum Beispiel die Aufforderung, in einer bestimmten Situation besonders aufzupassen.

»Was geschieht ohne Behandlung?«

»Schwer zu sagen – Verhaltensstörungen können unentdeckt bleiben, sich einebnen oder im Erwachsenenalter voll ausbrechen – dann sind sie schwer in den Griff zu bekommen.«

»Wie muss man sich eine Behandlung vorstellen?«

»Ihr Sohn wird etwa zwei Jahre lang einmal die Woche zu einer Spielsitzung hier nach Hannover kommen müssen, schwierig – er ist schließlich erst acht Jahre alt.«

»Wir haben insgesamt drei Söhne, zahlt die Krankenkasse etwas dazu?«

»Erfahrungsgemäß nicht!«

Tatsächlich entschlossen sich die Eltern zu dieser Therapie. Der Achtjährige fuhr allein mit dem Zug von Mellendorf nach Hannover und dann mit der Straßenbahn in das Institut am Maschsee.

Mai

1957

Heinz-Werner Köhler erklärte seinen drei Söhnen, dass sie heute eine Herrenpartie machen würden. Ohne die Mutter – schließlich sei ja Vatertag. Also machten sich alle bereit, eine Wanderung zu unternehmen.

Ida Lüth liest ihren Söhnen Märchen vor

Der Vater hängte an seinen Spazierstock eine kleine Wurst, steckte seine Mundharmonika in die Jackentasche und los ging es. Ida Lüth stand auf der kleinen Treppe vor der Haustür und winkte ihren vier Männern hinterher. Sie war sehr glücklich mit diesem Bild: drei kleine Jungs, die ihren großen Vater liebten und die wussten, dass die zurückbleibende Mutter mit großer Liebe auf ihre Rückkehr wartete.

Im Meitzer Busch fanden sie eine Möglichkeit zur Einkehr. Heinz-Werner Köhler trank eine Flasche Bier, seine drei Söhne durften Malzbier trinken! Und der etwas bittere Schaum machte bei ihnen schon Eindruck; eigentlich doch fast echtes Bier!

Und der Vater erzählte seinen drei Jungs davon, wie er auch mit seinem Vater in Chemnitz ebenfalls die traditionellen Ausflüge gemacht hatte. Und er berichtete, dass er mit der bündischen Jugend zu Fuß von Chemnitz bis nach Finnland gewandert war.

11. August
1957

Entsetzen und Trauer herrschten in Meitze. Der Jungmatrose Bertel Wippermann war beim Untergang der Pamir südwestlich der Azoren ertrunken.

Herbst
1958

Post von Gerhard Köhler! Der ältere Bruder von Heinz-Werner Köhler, der Karriere bei Metzler Reifen machte, wandte sich an den jüngeren und machte ihm folgendes Angebot:

»Lieber Heinz-Werner, für eine neue Kollektion von Badeschwämmen für Kinder suche ich Zeichnungen, die wir als Stanzvorlagen verwenden können. Wir würden lustige Tiermotive bevorzugen. Lehne Dich doch an den Entwürfen von Walt Disney an. Bitte achte darauf, dass die Formen nicht zu filigran ausfallen, sonst kann man sich damit nicht baden! Ich werde mich erkenntlich zeigen – aber Du musst Dich beeilen! Gerhard«

Er begann unverzüglich. War das doch auch eine Chance, etwas dazuzuverdienen. Unter der großen Bewunderung seiner drei Söhne entstanden liebevolle Motive. Nach der ersten Korrektur der Entwürfe durch Metzler ging es schließlich an die Endfassung. Zum guten Schluss waren zehn Figuren geschaffen, die als Stanzvorlagen geeignet waren.

In den nächsten Wochen geschah nichts. Keine Nachricht von Gerhard Köhler.

In dieser Zeit gab es jeden Montagabend beim Norddeutschen Rundfunk die Sendung »Das plattdeutsche Hörspiel«. So wurde einmal die folgende Geschichte erzählt: Ein Ehepaar, beide wohl Anfang 30, lebte in einem kleinen Dorf in der Lüneburger Heide. Genau genommen lebten sie in der ersten Etage des Bahnhofs, der direkt am Rande des Dorfes lag. Der Alltag war bestimmt vom Fahrplan der Züge. Jeden Morgen hielten zwei Züge in die eine Richtung, abends dasselbe in die andere Richtung. Während des Tages fuhren mehrere Züge ohne Halt durch den Bahnhof. Freitags kamen zwei Viehwaggons und ein Güterwaggon. Die Viehwaggons wurden im Laufe des Montags mit Schweinen gefüllt und verließen spätnachmittags den Bahnhof Richtung Schlachthof. Der Bahnhofsvorsteher war eingebunden in diese Welt der Zugmeldungen, Signalbedienungen und gelegentlicher Weichenstellungen. Bei den durchfahrenden Zügen stand er am Bahnsteig und grüßte in korrekter Haltung die vorbeirasenden Kollegen.

Seine Frau sah von der Wohnung den Zügen nach. Sie wünschte sich manchmal, dass ihr Mann außerplanmäßig einen Zug anhielt, sie beide einsteigen könnten, um dann in eine wirklich große Stadt zu fahren.

Jeder Zug, der ohne Halt durchfuhr, nahm ihr ein kleines Stückchen Hoffnung. Sie kriegte in dieser planvollen Langeweile ihres Lebens kaum noch Luft. Nicht nur das Leben ihres Mannes wurde vom Lauf der Züge geprägt. Auch sie musste ihre Arbeit nach den Zügen richten. Schließlich konnte sie nicht irgendwann ein Mittagessen auf den Tisch stellen, sondern nur sehr pünktlich in einem festgelegten zeitlichen Rahmen.

Es gab Kartoffelsuppe. Sie aß mit wenig Lust. Dann blickte sie zu ihrem Mann, mit seiner korrekten Krawatte und den kleinen Insignien seiner begrenzten Bahnhofsvorstehermacht und sagte: »Manchmal wünschte ich mir, du hältst einen Zug an und wir beide fahren einfach mit!« »Wie stellst du dir das vor? Wer macht dann die Meldung der Abfahrt an den nächsten Bahnhofsposten?« »Darum geht es doch nicht! Unser Leben ist so langweilig wie das niedersächsische Grau des Himmels!« »Das Leben ist nicht langweilig. Heute Nachmittag wird ein Sonderzug mit einem großen Zirkus durch unseren Bahnhof rollen!« Sie provozierte ihn mit der Aufforderung: »Du könntest mir noch nicht einmal einen einzigen Elefanten schenken!«

Doch dieser korrekte, arme Tropf kapierte nicht den Sinn. Nein, er bestellte tatsächlich einen Elefanten. Jedoch, das ganze Thema war für ihn ein Eisenbahnproblem: Wie groß muss ein Waggon für einen Elefanten sein, mit welchem Zug kann und darf man einen Tiertransport durchführen, und welche Frachtpapiere sind erforderlich, damit alles seine Ordnung hat? Und tatsächlich, zum Geburtstag seiner Frau trifft der Elefant ein. Ein Drama.

Über dieses Hörspiel wurde viel gelacht.

Dann endlich Post aus Linz. Ein Karton mit lauter Kunststoffschwämmen, gestanzt aus den Formvorlagen von Heinz-Werner Köhler! Und darin ein Brief und ein Scheck. Und was macht dieser Mann? Er fährt nach Hannover und kauft Ida Lüth einen Schmuckring mit einem riesengroßen Türkis! Natürlich war das unvernünftig. Alles wäre wichtiger oder dringlicher gewesen; dennoch – sie einigten sich darauf, dass dieser Ring ihr »Elefant« ist und demzufolge notwendig, ja, geradezu von zwingender Logik.

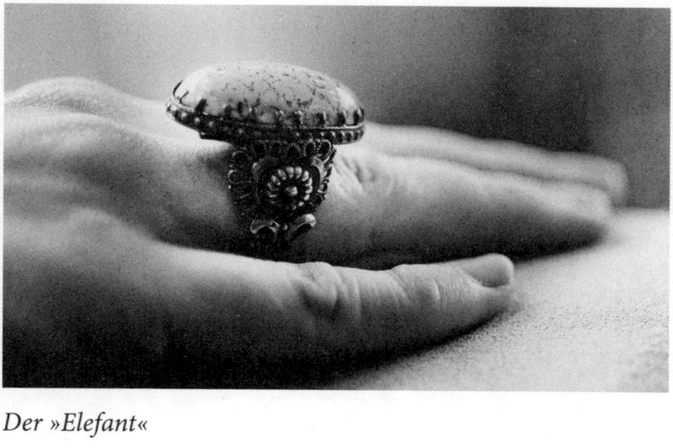

Der »Elefant«

April

1959

Ida Lüth kochte im Haushalt der Familie Möbus. Nach der Schule stellten die drei Jungs ihre Fahrräder am elterlichen Mietshaus ab, brachten die Schulranzen hinein und gingen dann zum Mittagessen hinüber in die Villa – allerdings die Treppe hinunter in das Souterrain. Dort war die große Küche, und hier konnten sie bei ihrer Mutter essen.

Der Weg von der Straße über den Kies zur Treppe war jedes Mal mit einer eigenartigen Stimmung belegt: Sie spürten, dass sie geduldet waren, Gäste waren sie nicht.

Die Begrüßung war herzlich, aber nicht so laut und stürmisch wie zu Hause. Ida Lüth freute sich über ihre drei Jungs! Sie war stolz! Mit hochrotem Kopf stand sie am Herd und kochte gleichzeitig zwei verschiedene Mittagessen. Einmal für die Familie Möbus und dann für die eigene. Da die Chefin Gerda Möbus und Heinz-Werner Köhler zum selben Zeitpunkt ihre Mittagspause hatten, mussten auch beide Essen gleichzeitig fertig sein.

Womit macht man kleinen Jungs mittags eine Freude? Mit Kartoffelbrei und Klopsen, es waren Königsberger Klopse mit Kapern. Allerdings war die größte Freude die abschließende Quarkspeise!

Der Vater und die drei Jungs begannen gleichzeitig mit der Nachspeise, als sie nach wenigen Kaubewegungen einstimmig verkündeten: »Mama, der Quark schmeckt nach Seife!«

»Das kann gar nicht sein!«, war ihre knappe Antwort. Um ganz sicher zu sein, probierte Ida Lüth einen Löffel und stellte fest: »Der Quark schmeckt gut und keinesfalls nach Seife!« Die Jungs protestierten – und aßen nicht weiter.

Dieser Affront, das Essen zu verweigern, ist bestimmt für jede Mutter schmerzlich, für jeden Koch sowieso, und zu dieser Zeit war es inakzeptabel, denn die Jahre des Hungerns lagen noch nicht so weit zurück.

So war es Ida Lüth nie möglich, Lebensmittel wegzuwerfen. Ja, sogar eine einzelne Kartoffel wurde aufgehoben. Immer wieder fanden sich in der Speisekammer oder später im Kühlschrank kleine Schalen mit Essensresten. Erst wenn sie verdorben waren, wurden sie weggeworfen.

Heinz-Werner hatte die Situation sofort erkannt, sagte nichts zum Seifengeschmack, gab seiner Frau einen kurzen Kuss und verschwand mit seiner Standardbemerkung: »Ich muss rüber in die Fabrik!«

Die Jungs spürten genau, dass ihr Vater gekniffen hatte – aber sie saßen jetzt allein in der Falle, denn kaum war der Vater aus der Küche, verkündete Ida Lüth: »Ihr bleibt hier so lange sitzen, bis ihr den Quark gegessen habt!«

Jetzt war ja Zeit zum Nachdenken. Wie kam die Seife in den Quark? Die Erklärung war schnell gefunden: In der Küche stand auch eine Waschmaschine, eine Constructa. Ida Lüth nahm als Waschmittel Dixan. Dieses Pulver wurde nicht direkt in die Waschmaschine gegeben, sondern in einem kleinen Gefäß mit Wasser angerührt – und dazu wurde jeweils ein Esslöffel benutzt. Wahrscheinlich hatte sie mit ein und demselben Esslöffel erst das Waschmittel und dann den Quark umgerührt!

Über eine Stunde saßen die Jungs jetzt schon auf ihren Stühlen. Reden war untersagt. Die Bedingung war eindeutig: »Und ihr esst auf ...!«

Endlich, um halb drei gab sie auf. »Geht! Es ist nicht richtig, dass ihr das eurer Mutter antut!«

Es gab in späteren Jahren mehrere Versuche, mit Ida Lüth über die Quarkspeise ein klärendes Gespräch zu führen. Es war nicht möglich. Sie blieb bei der Meinung, einem Komplott aufgesessen zu sein.

Früh-
sommer
1959

Ida Lüth beobachtete genau die Entwicklung der vier Söhne der Familie Möbus. Das war der einzige Vergleich, den sie zuließ. Und wenn sie das dann mit den wahrscheinlichen Möglichkeiten ihrer eigenen Söhne verglich, dann war ihr klar: Ihre Söhne mussten hier raus. So wie sie aus Rodenäs raus musste, so mussten ihre Söhne raus aus Meitze! Sie sprach darüber mit ihrem Mann. »Heinz-Werner, du warst doch bei den Pfadfindern? Was hältst du davon, wenn unsere Jungs auch dorthin gehen?«

»Wie soll das gehen? Hier auf den Dörfern gibt es so etwas nicht.«

»Aber in Hannover!«

»Das waren damals andere Zeiten …« Er wollte nicht.

»Dann werde ich den Jungs das beibringen!«

Ida Lüth erklärte ihren drei Jungs, dass sie lernen müssten zu reisen, weil das die Voraussetzung sei, Meitze zu verlassen und diese Welt zu entdecken. Deshalb würde sie mit ihnen Radtouren machen. »Und ihr werdet dabei lernen, in Jugendherbergen zu übernachten. Die Mama schläft dann in Pensionen und holt euch am nächsten Tag ab.«

Tatsächlich radelte Ida Lüth mit ihrem ältesten Jungen nach Meißendorf, einem kleinen Ort nördlich von Celle mitten in der Lüneburger Heide. Es gab eine Jugendherberge, in der der Junge allein über Nacht bleiben sollte. Die

Lebensmittel hatte er in seinen Packtaschen dabei. Es musste also nur der Tee für das Abendbrot gekauft werden. Ihr großer Sohn schlief das erste Mal außer Haus und allein!

Am nächsten Tag kam Ida Lüth strahlend und fragend an: »Wie war das?« Große Begeisterung, ganz einfach!

Sie wiederholte diese Art des Reisens dann mit allen drei Jungs gemeinsam zu unterschiedlichen Naturfreundehäusern, bis sie glaubte, sicher zu sein, dass nun die Jungs das alleine konnten. Freitags los und sonntags zurück. Die wichtigste Frage bei der Heimkehr war, ob das bisschen Geld gereicht hatte.

November
1959

Ida Lüth war überglücklich – ihren Antrag auf eine Kur hatte man genehmigt!

Tatsächlich war es eine Errungenschaft des langsam spürbaren Wirtschaftswunders, dass Mütter mit drei Kindern oder mehr für vier Wochen eine Erholungskur antreten konnten. Es waren drei Sonntage, an denen die drei Jungs mit ihrem Vater am Küchentisch saßen und der Mutter Briefe schrieben und kleine Bildergeschichten malten. Selbst der jüngste Sohn Joachim fasste seine Woche in einem kleinen Text zusammen:

Wir haben am Sonnabend ein Diktat geschrieben. Montag haben wir schulfrei, dann sind die Bänke leer. Am Nachmittag spielen wir Kaubäu oder Fußball oder Handball und so weiter.
Liebe Grüße Dein Joachim

1960

Was für ein würdiger Name: Golo Mann! Was für ein Titel: Propyläen Weltgeschichte! Und was für ein Zeitpunkt: gut 15 Jahre nach dem Ende einer furchtbaren Geschichte – endlich die Gewissheit einer besseren und größeren Geschichte – eben der Weltgeschichte. Der Verlagsverkäufer erzählte Ida Lüth von der Wirkung dieser Bibliothek, die in dieser Form in keiner Buchhandlung zu bekommen sein würde.

»Wissen Sie, man wird Sie beneiden! Der Goldschnitt zeigt jedem Nachbarn, wie wertvoll diese Privatbibliothek ist, und das Wichtigste: Sie verschaffen Ihrer ganzen Familie einen außergewöhnlichen Bildungsvorsprung! Ihr Mann wird mit diesem Wissen bei Geschäftsbesprechungen glänzen, und Ihre Kinder wachsen mit einem entsprechenden Bildungsvorsprung auf!«

Ida Lüth war so begeistert, dass sie es versäumte, nachzurechnen. Und so unterschrieb sie den Ratenvertrag: Alle sechs Monate sollte ein Buch erscheinen, zum Preis von 185 Mark; Geld, das an allen Ecken fehlte.

September 1961

Vater und Sohn verließen schweigend das Kino. Sie würden etwa eine Dreiviertelstunde laufen, bis sie wieder zu Hause waren. Kaum hatten sie die Bahngleise der Linie Hannover – Soltau überschritten, platzte der Junge mit der Frage heraus: »Hat das denn niemand gewusst? Konnte das niemand verhindern?«

»Wir haben das alle nicht gewusst!«

»Aber du warst doch Offizier?«

»Hans-Uwe, ich war an der Front. Da haben wir davon nichts mitbekommen, vielleicht manchmal geahnt.«

»Papa, wie können Millionen von Menschen verschwinden, und niemand kriegt das mit oder fragt?«

»Deswegen solltest du dir diesen Film ja ansehen. Damit du weißt, was wirklich geschehen ist.«

Und das waren die Bilder: in Schwarz-Weiß, zusammengeschnitten aus unendlich vielen Quellen, dokumentarisch aufbereitet, kommentiert im Wochenschaustil. Was für Bilder: riesige Haufen von Tausenden Brillen, Koffern, Zahnkronen; Züge voller Menschen, Leichen, verhungerte Gestalten, Erschießungen. Aufgestapelte nackte Körper, gekachelte Räume mit Duschköpfen, aus denen Giftgas statt Wasser drang, Krematorien mit Loren, auf denen Körper zur Verbrennung gefahren wurden. Dann wieder Bilder von Menschen im KZ, entweder bei der Einlieferung oder bei der Befreiung. Namen wie Bergen-Belsen, Auschwitz, Birkenau oder Treblinka verbanden sich mit dem schmiedeeisernen Tor und dem zynischen Versprechen »Arbeit macht frei!«.

Und die Bilder saßen, brannten sich ein, können nicht vergessen werden. Heinz-Werner Köhler ging nie wieder ins Kino. Mit keinem seiner Söhne.

April
1962

Hans-Uwe wurde 14 Jahre alt und sollte konfirmiert werden. Das war der Anlass, den Ida Lüth wahrnahm, um ihre Brüder Jens und Peter nach Meitze einzuladen. Im Januar hatte sie ihren Sohn ermuntert, den beiden Onkel aus Nordfriesland einen Brief zu schreiben. Und tatsächlich schrieben sie zurück, dass sie gerne kämen; Tante Hannchen und Tante Gertrud würden sich schon so freuen!

Es war das erste wirklich große Fest, das die Familie feierte, und als Ausdruck des kleinen Wohlstandes sollte auch an nichts gespart werden. Ida Lüth wollte ihre Brüder mit friesischen Spezialitäten überraschen. So legte sie in einem Steinguttopf kleine Schweinekoteletts süß-sauer ein.

Und dann das Festessen am Tag der Konfirmation: Es gab zur Überraschung aller das friesische Nationalgericht »Wiensupp un Schink«! Jeder hatte drei Teller vor sich! Im Suppenteller war die Weinsuppe mit süßen Rosinen, auf einem zweiten Teller gab es gestovte Kartoffelscheiben in Béchamelsoße, und auf dem dritten Teller lagen dicke Scheiben von gekochtem Schinken. Dazu gab es Weißbrot mit Butter!

Ida Lüth genoss es, von ihren Brüdern und ihren Schwägerinnen und ihren vier Männern gelobt zu werden. Was für ein schönes Fest!

Sommer 1962

Das Abendbrot war freitags für die ganze Familie das schönste der ganzen Woche. Jeden Freitag war Ida Lüth nach Gailhof gelaufen, hatte ihren ältesten Sohn mitgenommen, der auf dem Rückweg sein Fahrrad mit den Einkaufstaschen schob, und im VIVO-Laden eingekauft. An keinem Tag der Woche war der Tisch so reichlich gedeckt.

Ida Lüth eröffnete auf einmal: »Ich habe mir überlegt, ob es nicht besser wäre, wir würden Meitze und Möbus verlassen. Wir verdienen hier einfach nicht genug.«

»Und wie stellst du dir das vor?«

»Du könntest doch zum Volkswagenwerk nach Hannover gehen. Die suchen ständig Arbeiter. Dann würden wir eben in der Stadt wohnen.«

»Da sind die Mieten viel höher, hier in Meitze ist es günstig; die höhere Miete würde den möglichen Mehrlohn wieder auffressen. Außerdem: Ich soll am Fließband arbeiten? Ich bin hier Werkstattleiter!«

»Ein schlecht bezahlter!«

»Ich verdiene mehr als die anderen!«

»Ja, du verdienst auf niedrigem Niveau mehr. Es ist einfach zu wenig für eine fünfköpfige Familie!«

»Aber wir haben doch den Firmenwagen …«

»… Heinz-Werner, wir haben keinen Firmenwagen; du musst jedes Mal fragen, wenn du ihn benutzen willst – das ist die Wahrheit!«

Er hasste diese Gespräche … und griff zu einer weiteren Flasche Bier. Noch ein Gläschen Weinbrand – es war ja schließlich Wochenende –, und er würde ihre Ideen nicht mehr als Vorwürfe empfinden.

Es war natürlich auch gemein, wie auf einmal auf dem Dach des Buchhalters eine Fernsehantenne installiert wurde. Es vergingen wenige Wochen, dann saß auch bei Hukes eine Antenne auf dem Dach! Und kurz darauf sogar bei Gesolowitz! Es war ein eigenartiges Wettrüsten. Und bei Köhlers? Keine Antenne. Um den Installationsdruck zu mindern, einigte man sich darauf, den pädagogischen Wert des Fernsehens zu bezweifeln.

Doch der Wunsch blieb. Endlich, Köhlers bekommen jetzt doch auch ein Fernsehgerät! Allerdings kommt die Antenne unters Dach auf den Dachboden. Da man den

Fernseher nicht bar bezahlen kann, macht der Lieferant ein interessantes Angebot: »Zahlen Sie doch nur dann, wenn Sie fernsehen! Wir installieren neben Ihrem Fernseher eine Art Spardose. Sie werfen für jeweils zehn Minuten Fernsehen eine Mark ein – und fertig.« »Mein Hase – das ist eine gute Idee! Wir wollen doch sowieso nicht so viel fernsehen. Das können wir uns gut leisten!«

Um trotz fehlender Dachantenne den Fernseher vorführen zu können, lud man die Nachbarn zu einem gemeinsamen Fernsehabend ein. Es gab nur ein kleines Problem: Alle zehn Minuten machte die Sparbüchse deutlich »Klack!«, wenn eine Mark durchfiel. Alle Couchkissen wurden kurzerhand um die Bakelitbüchse drapiert, um den Schall zu dämpfen.

Im zweiten Monat wurde die Büchse abgebaut und ein normaler Ratenvertrag abgeschlossen – mit über 120 Mark hatte man für das Doppelte einer monatlichen Ratensumme ferngesehen!

Das neue Medium veränderte die Familienrituale. Der gemeinsame Abend wurde durch den Zeitpunkt der Tagesschau neu fixiert. Die Couch wurde herumgerückt, damit die gesamte Familie gemeinsam fernsehen konnte. Dabei gehörte es zu den neuen Spielregeln, auf keinen Fall während der Nachrichten oder der Wettervorhersagen dazwischenzureden. Allerdings konnte es geschehen, dass Ida Lüth sich bei besonders dramatischen Bildern mit den Worten abwendete: »Das will ich gar nicht sehen!«

Die Fernsehansagerinnen Irene Koss oder Petra Nettelbeck stellten den jeweiligen Beitrag fast wie im Hörfunk vor und endeten häufig mit dem Satz: »… und nun wünschen wir Ihnen gute Unterhaltung!« Und das nahm Ida

Lüth wörtlich. Sie wünschte sich angenehme Unterhaltung. Sie wünschte sich keine Problemthemen, kein Infragestellen und erst recht keinen Disput.

1. April
1963

Der erste Arbeitstag als Zahntechnikerlehrling für Hans-Uwe. Es wurde abends richtig gefeiert und auf den neuen Lebensabschnitt angestoßen.

Ida Lüth freute sich, dass der Lehrling zur Feier des Tages seinen weißen Arbeitskittel trug. Sie beobachtete in den folgenden Wochen mit Erstaunen, wie schnell sich dieser Junge veränderte. Eben noch eingebettet in das Dreieck Elternhaus, Schule und Kirche, eröffnete sich ihm jetzt eine andere Welt. Sie hörte, dass sich durch die tägliche Zugfahrt nach Hannover neue Freundschaften ergaben, am Arbeitsplatz sowieso. Sie bemerkte auch, wie schnell sich Ansichten und Annahmen änderten oder neue hinzukamen.

Mitte Mai eröffnete ihnen ihr Sohn, dass er nun aus dem Posaunenchor von Wilhelm Lammers austreten und deshalb auch in den nächsten Tagen sein Instrument zurückgeben werde.

»Warum? Gefällt es dir nicht mehr, Musik zu machen?«

»Das ist Kirchenmusik. Und ich kann doch nicht sonntags ›Lobe den Herren!‹ spielen und selber nicht mehr an Gott glauben – das geht doch nicht!«

»Glaubst du nicht mehr an Gott?«

»Ich weiß überhaupt nicht, ob es ihn gibt. Und so lange ich darauf keine Antwort habe, spiele ich nicht mehr!«

»Heinz-Werner, was sagst du dazu?«

»Mir ist der fromme Lammers schon immer auf den Wecker gegangen!«

»Also mir gefällt das nicht.«

»In der Berufsschule haben sie über mich gelacht – weil ich so komisch aussehe!«

»Was ist denn an dir komisch, mein Junge?«

»Meine kurze Lederhose!«

»Ein Junge mit 15 Jahren kann doch eine kurze Hose tragen!«

»Aber doch jetzt nicht mehr! In der Berufsschule war ein Aushang von den Wanderfalken. Die haben im Haus der Jugend ein Treffen pro Woche. Ich möchte da gerne hingehen.«

»Heinz-Werner! Was meinst du? Kennst du diese Pfadfinder?«

»Das ist die Jugendorganisation der SPD. Die sind sehr politisch unterwegs; so wie die Naturfreunde.«

»Ist das für den Jungen nicht zu früh?«

»Sein Großvater ging am 1. Mai mit einer roten Nelke im Knopfloch zur Maikundgebung. Das ist schon in Ordnung, lass ihn nur.«

Noch im Sommer dieses Jahres reiste die Jugendgruppe mit dem Namen »Wildkatzen« nach Frankreich. Sie fuhren zunächst bis Mainz mit dem Zug, und dann ging es mit dem Fahrrad bis nach Nancy. Acht Tage später zurück bis Limburg und dann mit dem Zug wieder nach Hannover.

Im Herbst verschwand die kurze Lederhose. Und das lag nicht nur am Wetter. Auch das Distelöl wurde nicht mehr nachgekauft, um ins Haar eine Schmalzlocke wie bei Elvis Presley zu formen.

1965

Eigentlich war alles gut. Ida Lüth hielt inne, versuchte ihre augenblickliche Situation einzuordnen. Sie war jetzt 44 Jahre alt. Das Kriegsende lag zwanzig Jahre zurück. Wirtschaftlich ging es gut. Sie war sich sicher, auch vom allgemeinen Wirtschaftswunder etwas abzubekommen. Gut, sie war immer noch in Meitze. Das würde sich wohl auch nicht ändern lassen. Aber sie glaubte, in den nächsten zwanzig Jahren bis zu ihrer Rente die Dinge doch so vorantreiben zu können, dass sie am Ende ihres Lebens einen schönen Abschluss als Lohn bekommen würde.

Gleichzeitig hatte sie das Gefühl, dass die Dinge sich veränderten, und das behagte ihr nicht. Natürlich mochte sie es, wenn die Dinge besser wurden, angenehmer oder schöner. Und natürlich wollte sie an dieser neuen Wirklichkeit teilhaben. Sie wollte auch ein moderner Mensch werden. Deshalb war es auch für sie der Ausdruck des Zeitgeistes, bei Quelle auf Kredit Waren zu kaufen. Das machte man jetzt so. Zu ihrem Verständnis der neuen und zweifelsfrei auch besseren Zeit gehörten auch Nyltesthemden. Nicht mehr bügeln! Abends konnten der Mann und die Jungs ihre Hemden durch warmes Waschwasser ziehen, und am nächsten Morgen hing ein knitterfreies, trockenes Hemd auf dem Bügel.

Sie fand es auch wirklich an der Zeit, dass verheiratete Mütter ihre Ehemänner nicht mehr um die schriftliche Erlaubnis bitten mussten, wenn sie einer Beschäftigung nachgehen wollten. Ida Lüth ging es nicht ums Beschäftigtsein – es ging ums Geldverdienen. Punktum.

Sie liebte fernsehen. Der Samstagabend war ihr heilig. Sie

teilte sich den Tag so ein, dass rechtzeitig das Abendbrot gegessen wurde, damit man ja nicht die Tagesschau mit den Gewinnzahlen des Deutschen Lottoblocks verpasste. Heinz-Werner Köhler malte auf den Rand der Hörzu sieben Ballons, um dann die Zahlen einzutragen. Es gab zischende Maßregelungen, wenn man sich während dieser Passage auch nur bewegte. Ida Lüth gab ihr ganzes Leben lang die Hoffnung nicht auf, eines Tages doch noch zu gewinnen. Die Tatsache, wieder einmal nicht gewonnen zu haben, wurde aufgefangen durch die dann folgende Quizshow »Einer wird gewinnen« mit Hans-Joachim Kulenkampff. Was für ein feiner Mann.

Sie war von Ludwig Erhard angetan. Dieser Mann war ja schließlich der Garant des Wohlstandes. Und sie war richtig froh, dass im Herbst dieses Jahres die CDU doch mit deutlicher Mehrheit gewann. Der spitze Mund des an seiner Zigarre saugenden Bundeskanzlers sprach die Worte aus, die sie brauchte, um ruhig zu werden. Denn die beunruhigende Frage für sie und viele andere war: Wie lange hält der Wohlstand, der Frieden?

Und was tat ihr ältester Sohn? Der fing an zu fragen und zu diskutieren! Da stand dann immer wieder diese einfache Frage im Raum: »Habt ihr das denn mit der Judenvernichtung nicht mitgekriegt? Ihr müsst das doch gemerkt haben!« Für Ida Lüth sollte Schluss sein mit dem Dritten Reich. Sie wollte das nicht mehr hören. Und Heinz-Werner Köhler? Er wiederholte ständig seinen Glaubenssatz, dass die alten NS-Größen es auch jetzt wieder geschafft haben würden. Wenn wieder irgendwo eine NS-Größe entdeckt wurde, dann war sein Kommentar: »Ich hab's doch immer gesagt!«

Dass Ida Lüth die mögliche Diskussion zwischen Vater und Sohn im Ansatz erstickte, führte zu einer weiteren Politisierung des Sohnes – die aber nicht mehr besprochen wurde.

November
1966

Was fragt man seine Eltern, wenn man seine Freundin, die große Liebe, zu Hause vorgestellt hat? »Wie findet ihr sie?«

»Sie ist wirklich sehr nett und so gut erzogen. Schade ist nur, dass ihr Vater beim Straßenbau ist.«

»Er ist Oberschachtmeister!«

»Trotzdem, Hans-Uwe, aber du bist noch sehr jung, wer weiß, wie sich das alles entwickeln wird …«

Frühjahr
1967

Die Familie Köhler saß in ihrem Wohnzimmer. Der Tisch war gedeckt. Es wurde zu Abend gegessen. Jeder saß auf seinem angestammten Platz. Es war wie immer.

»Du, Mama«, begann Hans-Uwe, »ich habe doch bald Geburtstag. Und der Tag liegt mitten in der Woche. Ich würde gerne meinen Geburtstag am darauf folgenden Samstag feiern. So mit ein paar Freunden und mit Ille!«

»Das geht nicht! Du weißt doch, dass ich mich genau an diesem Sonntag mit einer Freundin treffen werde!«

»Aber das hat nichts mit meinem Geburtstag zu tun!«

Plötzlich, ohne jede Vorwarnung, ohne ersichtlichen Grund fängt Ida Lüth an zu weinen! Alle drei Jungs sind völlig konsterniert! Wieso ist die Frage, ob man den eigenen Geburtstag feiern darf, Grund für einen Tränenausbruch? Heinz-Werner berührt vorsichtig ihre Hand. In dieser Bewegung ist deutlich zu spüren, dass er den Grund für diese Tränen kennt.

»Jungs, wir müssen euch etwas sagen ...!«

»Ich muss euch etwas sagen. Dieser Besuch am Sonntag ist keine Freundin. Ihr habt eine Schwester.«

»Was? Eine Schwester? Aber das ist doch kein Grund zu heulen! Das ist ja ein Ding – wir haben eine Schwester!« Hans-Uwe kriegte sich gar nicht mehr ein. Während sein Lachen vor lauter Freude immer lauter wurde, kullerten seinen Eltern immer mehr Tränen über die Gesichter. Holger und Joachim waren völlig perplex. Jetzt weinte ihr Vater auch noch!

Die drei Jungs standen auf und versuchten ihre Eltern zu umarmen. Muss man Trost spenden, wenn die Nachricht doch eine so schöne ist?

5. März

1967

Was war das für ein Brief, der da vor einigen Tagen auf ihrem Tisch lag? Als sie den Absender las, Gerda Ludwig, Hannover, Walderseestraße, drohte sie schier verrückt zu werden! Natürlich hatte sie ihr Kind nicht vergessen, aber sie hatte auch seit fast 22 Jahren nichts mehr von ihrer Tochter gehört. Und wieso jetzt auf einmal die Adresse in Hannover? Sie waren doch alle nach Argentinien ausgewandert? Der Brief begann mit den Worten: »Liebe Mama!«

Sie las weiter: »Ich habe Dich gesucht und jetzt gefunden!« Dieser Satz tat so weh, brachte das ganze Dilemma auf den Punkt. Die Mutter gibt das Kind her, aber die Tochter sucht und findet!

»Meine Pflegemutter, die ich auch Mama nenne, hat mir anlässlich des 21. Geburtstages gesagt, wer meine wahre Mutter ist. Ihr hattet das wohl so vereinbart? Als dann einen Monat später Bundespräsident Lübke im April 1964 nach Argentinien kam, wurde ein Lehreraustausch vereinbart. Nach Beendigung meines Studiums habe ich mich bei diesem Austauschprogramm gemeldet und bin so nach Deutschland gekommen, um einerseits hier auch ein deutsches Studium abzuschließen, anderseits aber die Gelegenheit zu nutzen, Dich zu suchen. Über die Kirchenregister war es möglich, wenn auch mühevoll.«

Sie schließt ihren Brief mit dem Wunsch: »Ich würde Dich so gerne kennenlernen. Vielleicht könntest Du mich anrufen, damit wir eine Verabredung treffen. Deine Tochter Gerda.«

Welche Empfindungen hat man, wenn man sein Kind kennenlernt? Es gab von den ersten Tagen nach der Geburt noch nicht einmal ein Foto. Kann eine Mutter ihr eigenes und dann doch fremdes Kind erkennen?

Ida Lüth war nicht aufgeregt, als sie das Café Kröpcke in Hannover betrat, sie war starr. Natürlich hatte sie sich gefreut und doch auch gleichzeitig Angst vor diesem Treffen gehabt. Sie konnte denken und fühlen, was sie wollte, diesem Treffen fehlte jene Unschuld, die nur zwischen Mutter und Kind bei der Geburt besteht.

Wer seine Mutter zum ersten Mal in seinem Leben bewusst treffen wird, rührt nicht gelangweilt wartend im Kaffee. Gerda Ludwig war sich sofort sicher, als sie Ida Lüth das Café betreten sah. Nur jemand, der sehr unsicher ist, betritt einen Raum so vorsichtig. Sie erhob sich und ging mit schnellen Schritten auf ihre Mutter zu, so, als wollte sie mit ihrer Präsenz erneut sagen, du musst nicht suchen, ich habe dich doch gefunden.

Die dann folgende Umarmung war wortlos, aber nicht stumm. Natürlich waren da auch Tränen. Beide Frauen hätten genug Tränen weinen können, wenn sie die Tragik oder das Glück des Augenblicks hätten wahrnehmen wollen. Aber sie entschieden sich anders, sie lachten! Und nach wenigen Sekunden hörten Mutter und Tochter, dass sie völlig identisch lachten. Ist das möglich, dass zwei Menschen, die sich, von einigen Tagen abgesehen, noch nie sahen, so genau gleich lachen können?

Gleichzeitig: »Wir müssen uns alles erzählen!« Genau darum ging es jetzt. Hier mussten sich zwei Leben erzählt werden. Wie viel Zeit braucht so etwas? Geht das überhaupt? Und wo fängt man an? Mit der Frage: »Wie geht es dir?«

Ida Lüth sah ihre Tochter voller Neugierde an. Sie war kleiner als sie selber, trug brünette Haare, hatte nichts Friesisches an sich und ähnelte auch auf den ersten Blick nicht ihrer Mutter. Und dann sagte Ida Lüth den ersten Satz: »Du gefällst mir sehr gut!«

»Hast du mich denn nicht vermisst?«

Diese Frage traf Ida Lüth mitten ins Herz. Und davor, vor den vielen Fragen, hatte sie Angst, pure Angst. »Oh, wenn du wüsstest …!« Ida Lüth ahnte seit 24 Jahren, wenn es denn diesen Augenblick geben würde, dass sie dann genau diese eine Frage hören würde: »Warum hast du mich nicht behalten?«

Ida Lüth versuchte zu erklären, warum das nicht ging. Sie sprach von den moralischen Zwängen, den schwierigen wirtschaftlichen Zeiten, den besonderen Umständen, dem furchtbaren Krieg, dass sie als mutterlose Tochter mit ihrem zornigen Vater nicht reden konnte, der auch nicht wollte, dass sie ihren jetzigen Mann heiratete. Sie sprach von der verständnislosen Haushälterin, die doch eigentlich nur durch den Tod der Mutter in diese komfortable Position gerutscht sei, sie sprach vom Dritten Reich, das dann doch ganz anders gewesen sei, als sie selber gedacht habe.

»Als ich dann den Brief bekam, dass ihr auswandern würdet, da sind Heinz-Werner und ich nach Hamburg gefahren, um zu versuchen, die Adoption rückgängig zu machen.«

»Da war ich vier Jahre alt – haben wir uns da gesehen?«

»Nein. Das wollte man nicht.«

»Meine Mutter wollte das nicht?«

»Genau. Wir trafen uns außerhalb des Bereiches der Einschiffung. Vielleicht hatte sie Angst, dass man ihr das Kind nehmen könnte. Aber ich war jetzt verheiratet und dachte mir, ich könnte diese Entscheidung rückgängig machen. Das schlechte Gewissen war immer da.«

Vielleicht war dieses Gespräch der Grund dafür, dass die Pflegemutter ihre Zusage nicht einhielt, aus Argentinien eine neue Adresse mitzuteilen.

Plötzlich heiterte sich das Gesicht von Ida Lüth auf, und sie erzählte ihrer Tochter von einer ganz eigentümlichen Tradition im Hause Köhler. »Jedes Jahr zu Weihnachten standen unter dem Tannenbaum vier bunte Teller. Für jedes Kind einer.«

»Heißt das, du hast drei weitere Kinder?«

»Ja, stell dir vor: du hast noch drei Brüder!«

»Und was haben die bei dem vierten bunten Teller gesagt oder gefragt?«

»Natürlich haben die gefragt. Wir haben ihnen aber immer erklärt, dieser Teller sei so für uns alle da.«

Gerda Ludwig fragte ungläubig zurück: »Du hast ihnen nie gesagt, dass es mich gibt?«

»Niemand weiß von dir. Ich habe bis heute nur meinem Mann, dem Heinz-Werner, von dir erzählt.«

Beide Frauen spürten auf einmal eine unendliche Einsamkeit in sich. Sie waren in ihrer Begegnung völlig allein auf sich angewiesen. Jede von ihnen hatte zwar eine komplette Welt hinter sich, groß genug und gefüllt für ein ganzes Leben, aber für sie beide gab es nur eine Spitze, eine kleine Landzunge, auf der sie aufeinander zugehen konnten.

Dieses Aufeinanderzugehen würde getragen sein von Fragen und Erklärungen.

Und dann kam diese längst überfällige Frage: »Wer ist mein Vater?«

Überraschenderweise hatte Ida Lüth vor dieser Frage keinerlei Angst. Denn ihre Antwort stand seit jeher fest: »Das werde ich dir nicht sagen.« Punktum.

»Aber warum nicht? Ich finde, ich habe ein Recht darauf zu erfahren, wer mein Vater ist!«

»Das weiß niemand, und das wird auch so bleiben!«

»Wie bin ich denn entstanden?«

»Ich habe das damals als eine Vergewaltigung empfunden.«

»Wenn es eine Vergewaltigung war, dann hättest du doch zur Polizei gehen müssen! In Argentinien wäre das keiner Frau passiert! Dort sind die Männer Caballeros!«

Ida Lüth mit ihren vier Kindern

Natürlich war das Unsinn, doch Ida Lüth ging darauf nicht ein. »So eine Vergewaltigung war das auch nicht. Ich muss diesen Mann nicht schützen, nur mich! Ich habe diese Entscheidung damals so getroffen und werde dabei bleiben.«

Mit einer kurzen Korrektur ihres Gesprächsfadens einigten sich beide Frauen im stummen Einverständnis darauf, dass es zunächst einfach schön sei, sich wiedergefunden zu haben. Beide begannen zu erzählen, um das kleine Eiland, auf dem sie standen, ein wenig wachsen zu lassen.

12. März
1967

Wie bereitet man sich darauf vor, wenn man erneut Mutter, Vater oder Bruder wird?

Da stand sie also, Gerda Ludwig. Ida Lüths Söhne hatten sich entschlossen, ihre neue Schwester zunächst ohne Wenn und Aber aufzunehmen – auch ohne jedes Brimborium. Also hatte jeder eine kleine Rose in der Hand, gab ihr einen Kuss – und guckte erst einmal. So sah also die neue Schwester aus. Und so hörte sie sich an – das Lachen wie die Mutter! Unterstellt man bei einer so ungewöhnlichen Übereinstimmung auch sofort weitere Übereinstimmungen?

Was wäre denn das Naheliegende gewesen? Na – erzähl doch mal! Wo kommst du denn eigentlich her?

Doch es gab wohl eine Vereinbarung zwischen Mutter und Tochter, oder war es nur ein stilles Einverständnis, oder war es der mutterverherrlichende Gehorsam der Söhne, genau diese Frage nicht zu stellen? Diese Frage hätte mehr oder weniger schnell zum »Warum?« geführt. Doch alle Fragen mit »Warum?« wurden ausgeblendet. Das Gespräch lief dann in einer Art, als hätte Ida Lüth eine Urlaubsbekanntschaft oder eine Arbeitskollegin mit nach Hause gebracht. »Ach, und du bist Lehrerin? Wo? Für welche Fächer und Klassen?«

»Der Hans-Uwe ist Zahntechniker, Holger macht eine Großhandelskaufmannsausbildung, hat schon eine Sekretärin, und Joachim will Augenoptiker werden.«

Diese Familie saß da und redete und rauchte und trank. Aber es wurde nicht gefragt. War ja auch noch Zeit. Musste ja nicht alles an diesem Sonntag geklärt werden. Nun hatte man mehr als zwei Jahrzehnte nichts vom Leben des anderen gewusst, da konnte ja auch niemand erwarten, dass alles in wenigen Stunden aufgearbeitet wurde.

Auch an den folgenden Sonntagen blieben klärende Gespräche aus. Weder wurde eine Schuld vorgeworfen noch eingestanden. Alle Tränen, die flossen, waren Tränen der Rührung, sich nun endlich wiedergefunden zu haben, wobei nur eine gesucht hatte. Es gab keinen Ansatz einer Entschuldigung, und deshalb gab es auch kein Verzeihen.

Sie sprachen über die Menschen, die damals nach Argentinien auswanderten. Heinz-Werner Köhler glaubte es auf den Punkt bringen zu können: »Das waren doch alles verkappte Nazis, die sich davonmachten!« »Nein!«, antwortete Gerda empört. So könne man das nicht sagen. Insbesondere ihre eigenen Eltern seien dieser Gruppe überhaupt nicht zuzurechnen. Das hätten ihr beide bestätigt. Und tatsächlich hatte es Österreich geschafft, durch die Loslösung vom Dritten Reich die gesamte Bevölkerung zu entnazifizieren. Das Stigma war schlagartig weg. Außerdem sei es auch nicht so, dass nun in Südamerika alle Deutschen dem Dritten Reich nachtrauerten. Sie sei schließlich die Einzige hier am Tisch, die das persönlich wahrnehmen konnte.

Mit dem Hinweis »Das ist jetzt aber kein schönes Gespräch!« bereitete Ida Lüth der Diskussion ein Ende.

26. Oktober
1968

Endlich, es war vorbei. Ida Lüth hatte Wort gehalten. Sie war geblieben bis zum Schluss. Gerda Möbus war endlich erlöst, eingeschlafen im Morphiumnebel. Längst nicht alle Menschen werden gütig oder sanft am Abend ihres Lebens. Die Chefin Gerda Möbus jedenfalls nicht. Wie viel Energie ein Mensch in seiner Krankheit noch entwickelt, um die Helfenden oder Pflegenden zu drangsalieren, ist mehr als erstaunlich. Ida Lüth fragte sich oft, welchen Sinn es macht, wenn Pflegebedürftige bösartig auf die Pflegenden reagieren.

Vorbei war die Zeit, wo Ida Lüth mit dem Satz ging: »Ich muss noch rüber in die Villa!« Kein Weihnachtsfest, kein Wochenende, kein normaler Feierabend konnte gelebt werden ohne diesen Satz, der alles auseinanderriss. Ihr Mann verzog jedes Mal sein Gesicht, missbilligend, aber kraftlos, weil nicht änderbar.

Durch den Tod der Chefin öffnete sich eine Tür, die bis dahin verschlossen war: Ida Lüth konnte jetzt eine neue Entscheidung treffen. Dass sie weiter mitarbeiten musste und auch wollte, war ihr klar. Aber sie hatte nicht vor, in der Firma ihres Mannes zu arbeiten. Sie würde sich woanders eine Arbeit suchen. Und sie würde sich eine andere Qualifikation erarbeiten.

März

1969

»Papa«, so begann Joachim Köhler das Gespräch nach dem Abendessen, »du hast doch immer gesagt: Zieht weit voneinander weg, mindestens 300 Kilometer, dann geht ihr euch nicht auf den Wecker!«

»Stimmt! 300 Kilometer sind mit dem Zug zu teuer und dauern auch mit dem Auto je nach Lage über drei Stunden – das fährt keiner einfach mal so! So erspart man sich den Ärger in einer Familie, wenn sie zu dicht aufeinanderhockt!« Tatsächlich hatte der Vater über Jahre hinweg seine Söhne immer wieder ermahnt, voneinander wegzuziehen – und niemand widersprach oder fragte zweifelnd nach.

»Ich werde nach Berlin gehen. Zur Bundeswehr muss ich ohnehin nicht, aber dort werde ich arbeiten und dann auf die Fachschule gehen, um später meine Meisterprüfung zu machen.« Er sagte das in seinem weichen Singsang, leicht, ohne Druck oder Wehmut in der Stimme. Er ging einfach, und alles klang so vernünftig.

1. Oktober

1969

Zur Arbeit gehen? Das war bis vor einem Jahr für Ida Lüth immer gleich: raus aus der Haustür, rechts herum und dann etwa fünfzig Meter geradeaus in die Fabrik oder noch einmal rechts und dann wieder links, hinüber in die Villa.

Heute war das alles anders! Heute ging sie drei Mal rechts herum. Diesen Weg war sie natürlich auch schon oft gegangen, sodass Zählen sinnlos wäre. Doch heute war es der Gang zu ihrer neuen Arbeitsstätte. Ida Lüth begann in der

Schaumgummifabrik Nitex in Meitze im Büro! Was für ein Triumph!

Sie hatte das Jahr ihrer Arbeitslosigkeit genutzt. An der Volkshochschule in Mellendorf belegte sie einen Kurs zur Ausbildung als Sekretärin. Auf der kleinen Reiseschreibmaschine zu Hause, einer Tippa, hatte sie sich im Selbststudium mit einer Lehrunterlage das Zehnfinger-Schreibsystem beigebracht. Und sie hatte es geschafft, bei der Nitex eine Anstellung zu finden. Es war zwar immer noch Meitze, aber nicht mehr Möbus.

Ida Lüth war absolut entschlossen, diese neue Chance mit Bravour zu meistern. Sie ließ sich nicht ins Bockshorn jagen. Achtundvierzig war kein Alter. Sie würde das schon schaffen. Gut, vielleicht sind Badezimmergarnituren nicht unbedingt ein wertvolles Produkt, aber in jedem Fall nützlich.

Silvester 1969

Gerda Ludwig fasst in einem kleinen Gedicht die Ereignisse Silvester 1969 zusammen:

Familie Köhler, wohlgeschätzt,
plante groß das Neujahrsfest.
Von den Söhnen, ihrer dreie,
wollte Uwe fahrn ins Freie
mit Ille, seiner lieben Braut.
Holger denkt, mit Edeltraut,
Mutter, Vater, Bruder, Schwester
Zu erleben froh Silvester.
Also wurde es beschlossen
Und vor Freude auch gleich begossen.

Doch wehe, wehe, jammerschade,
dieser Plan, er ging zu Bade.
Ein Virus kam ins Haus geschlichen.
Fieber misst die Mama fleißig,
er hat schon über neununddreißig!
Die Schwester rafft es auch darnieder,
sie findet sich im Bette wieder.
Langsam fängt der schöne Plan
Von Neujahr stark zu wanken an.
Ach, auch den Papa friert es mächtig,
er klappert mit den Zähnen, nächtig,
kriecht unter einen Haufen Decken,
die Mama tut er trotzdem wecken.
Holger, welcher noch ganz munter,
fliegt leider dann die Treppe runter,
wollte sagen, doch hinauf;
die Dinge nehmen ihren Lauf …
Sein Auge färbt sich ganz vergnüglich,
und die Nase schwillt vorzüglich.
Derweil liegt Ille auch schon flach!
Es ist ein Jammer, Weh und Ach.
Uwe eilt zu seiner Ille,
doch Virus stärker ist als Wille:
kaum ist er bei ihr angelangt,
er auf der Stelle auch erkrankt.
Zurück kehrt er ins traute Heim,
wirft sich ins Bett sofort hinein.
Silvesterplan hat ausgesorgt.
Papa die Flasche nun entkorkt,
und spricht bedächtig: »Leute, ja,
als Sachse sag i – nuguggemada!«

Ins Siebzig sind wir nicht gehupft,
wir haben uns hineingeschnupft.

Gerda ==========

Sie unterzeichnet das Gedicht zunächst mit ihrem kompletten Namen, doch dann korrigiert sie sich und streicht mit einem Füller den Nachnamen durch.

Januar
1970

Dietrich Stricker hatte schon weit vor dem Tod von Gerda Möbus die Firma in festen Händen. Das kleine Unternehmen wuchs in seiner extremen Nische zu einem europaweiten Lieferanten für Katasterämter und Großunternehmen heran. Stricker sah sich durchaus auch als Platzhalter, als Gutsverwalter, um die Firma für die Söhne Klaus, Jürgen, Wolfgang und Gerhard am Leben zu erhalten und die Erben am wirtschaftlichen Erfolg partizipieren zu lassen.

Für ihn war die Nachfolgerfrage klar: Klaus, der älteste Sohn der Möbus, hatte ein eigenes Unternehmen gegründet. Wolfgang, Pilot bei den Marinefliegern, schied völlig aus. Jürgen, der Journalist, debattierte lieber mit Rudi Dutschke, als sich über Marktfragen den Kopf zu zerbrechen. Sein Favorit war Gerhard, der Jüngste. Doch der lebte im Ausland, aktuell in Kanada.

Als Dietrich Stricker Heinz-Werner Köhler darüber informierte, dass in den nächsten Wochen Gerhard zurückkommen würde, um die Geschäftsleitung zu übernehmen, machte er sich keine großen Sorgen. Das würde er schon hinkriegen. Mein Gott, Chefs mussten sein. Er hatte in seiner Sprache schon einige »Alte« überlebt.

Er sprach tatsächlich immer von dem alten Vertens, dem alten Möbus, der alten Chefin, dem alten Stricker. Das hatte bis jetzt auch insofern gepasst, weil Status und Alter in etwa passten. Er sprach aber auch vom alten Huke und dem alten Walter. Fühlte er sich tatsächlich vom Status her unterlegen?

Nun also ein junger Chef. Würde das auch ein »Alter« werden? Es war ja schon schwierig genug, dass er prinzipiell Chefs nicht mochte, schon gar nicht wohlhabende Leute oder Menschen mit Erfolg. Hier halfen ihm bisher immer seine Formulierungen wie »der Alte« oder »alles Nazis«. Aber jetzt?

Gerhard war ein gebildeter und weltoffener, ja ein welterfahrener Mann. Gut aussehend und sehr kompetent in seiner Chefrolle. In gewisser Weise entsprach dieser junge Mann in seiner Führungsrolle genau den Vorstellungen von Heinz-Werner Köhler, wenn man seine prinzipielle Ablehnung anderer nicht zum Maßstab machte. Doch er fand keinen Zugang zu Gerhard.

Hatte sich Heinz-Werner Köhler doch eine perfekte Sonderrolle zwischen den Meitzern, den Buschern, den Bauern und den Handwerkern bei Möbus aufgebaut, zurechtgelegt, zurechtgezimmert.

1. Advent
1971

Gerda Ludwig schrieb ihrer Mutter Ida Lüth den folgenden Brief:

Liebe Mama!
Ich muss ja mein Versprechen halten, Dir zur rechten Jahreszeit das rechte Gedicht zu schicken!

Gottfried Benn: »Meeres-Abend«

Du schüttelst, Baum, dein müdes Haupt,
so ganz gedanken – überhaupt,
so altersgrün, so zeitbestaubt.

Da flog der leichte Windgott aus,
mit Schwingen spitz, im kalten Saus,
und kreist und bläst ums Bauernhaus.

Dann schleichet er einer Schlange gleich
Durchs wehnde Gras, hinan den Deich,
und hockt dort schwarz, vorm Abend bleich.

O Glanz des Meeres, perlmutterklar!
Der Windgott schließt das Augenpaar
Und lächelt schmal aus wirrem Haar.

Verschwand er dann? Der Deich ist leer.
Es schläft der Baum, das Haus, das Meer.
Aus Westen weht ein Traum daher…

Dies habe ich extra für Dich gefunden, ich glaube, dass Du es gut nachfühlen kannst und Dir dadurch ein bisschen Heimat in die Stube weht, nicht wahr?

Sommer
1972

Heinz-Werner hatte seinen Herzinfarkt überlebt. Es ging ihm gut. Er war wieder zu Hause, und es sprach nichts dagegen, bald wieder in die Fabrik zu gehen. Er beobachtete Ida Lüth und Gerda. Ihr Gespräch erreichte ihn nicht. Obwohl sie laut miteinander sprachen und lachten, hörte er alles wie durch Watte. Ihn überfiel eine ungeheure Sehnsucht nach seiner Stieftochter. Er schaute genau hin, sah diesen großen Busen, die Taille und die festen Beine. Wenn er sich die Spannung in diesem Körper ansah, dann glaubte er zu ahnen, welche Vitalität in ihr steckte. Und er stellte sich vor, wie das wäre, wenn sie sich lieben würden.

Er war hin- und hergerissen. Er hatte sofort Angst, dass das entdeckt werden könnte! Was würde seine Frau mit ihm machen? Andererseits war's ihm egal. Er hatte diesen Herzinfarkt überlebt – gut, und wann kam der nächste? Und würde er den überleben? Rein rechtlich war das ja schließlich alles kein Problem; Gerda und er waren nicht miteinander verwandt. Wieder sah er ihren Körper an, und ganz langsam fuhren seine Augen die Linie ihres enormen Busens ab. Er stellte mit Erstaunen fest, dass beide Frauen ihn nicht beachteten. Für die bist du jetzt ein Überlebender, war sein erklärender Gedanke; ernst nehmen die dich beide nicht.

Frühling

1973

Es geht nach Berlin! Die gesamte Bürobelegschaft der Nitex macht einen Ausflug in die geteilte Stadt. Ausgiebige Stadtrundfahrt, ein Bummel durch das KaDeWe. Dann der Ausgehbummel über den Kurfürstendamm. Vor dem Café Keese bleibt die Gruppe stehen. »Da gehen wir rein!«

»Wissen Sie, Frau Köhler, da gibt es an jedem Tisch ein Telefon. Und wenn man will und jemanden sieht, mit dem man tanzen möchte oder sich nur unterhalten, dann ruft man die Nummer an, die da groß leuchtet! Natürlich kann man selber auch angerufen werden! Das wird ein Mordsspaß!« Hannelore Thies, eine junge Kollegin aus der Buchhaltung, war restlos begeistert.

Doch Ida Lüth hob protestierend beide Hände und sagte, dass sie auf gar keinen Fall in ein solches Lokal gehen würde. Trotz der Bitten ihrer Kolleginnen, mitzukommen, blieb Ida Lüth bei ihrer ablehnenden Haltung. Für sie war das unvorstellbar, dass man an einem Tisch saß, um sich anrufen zu lassen!

Sie bummelte allein weiter. Dann sah sie diesen schönen Schriftzug: »Blauer Engel«. Ihr fiel Marlene Dietrich ein und natürlich Emil Jannings; also wahrscheinlich ein Themenlokal. Die Idee gefiel ihr, sich in einer Atmosphäre der 20er-Jahre zu bewegen.

Ihr suchender Blick nach einem freien Tisch blieb erfolglos. Überall saßen Frauen, und es war ihr unangenehm, sich einfach an einen Tisch dazuzusetzen. An der Bar gab es jedoch Platz. Sie bestellte sich einen Cognac und begann sich genauer umzusehen. Also, das Make-up der Damen an der Bar fand sie doch deutlich übertrieben. Großstadt eben!

Aber dann sah sie zwei Frauen, bei deren Anblick es ihr die Sprache verschlug: Polizistenuniformen in schwarzem Lack und offener Blouson, sodass der freie Busen gut zu sehen war! Waren das die modernen Zeiten der Studentenrevolte? Oder hatte das was mit Flower-Power zu tun?

»Wo kommst du denn her?« Sanft legte sich eine Hand auf ihren Arm, berührte sie vorsichtig, und eine sehr angenehme Stimme nahm sie gefangen.

»Kennen wir uns?« – Ida Lüth konnte so eine Frage mit solcher Entrüstung stellen, dass normalerweise jedes Gespräch erstarb. Doch hier war die Antwort so selbstverständlich:

»Natürlich nicht – aber vielleicht lässt sich das ändern – heute Abend zum Beispiel?«

Ida Lüth griff zu ihrer Schachtel Lord Extra, um sich zu fassen. Doch bevor sie sich versah, hatte die schöne Stimme ihr Feuerzeug ergriffen, um ihr die Zigarette anzuzünden.

»Na, wen haben wir denn da?« Ida Lüth erschrak über den tiefen Ton einer weiteren Frauenstimme. Von der anderen Seite schob sich eine Frau an die Bar, die eher einem Kerl glich, mit einem Gehabe, dass die sanfte Stimme rechts neben ihr raunte: »Hör nicht auf sie, sie ist ein kesser Vater …!«

»Ich will zahlen …!«

»… aber warum denn, wir kennen uns doch kaum!«

Ida Lüth saß als Erste im Frühstücksraum. Vor ihr ein Korb mit Brötchen, auf einem Teller waren Käse- und Wurstscheiben drapiert, außerdem ein Würfel Butter. Marmelade und Honig wurden in einer silbernen Garnitur gereicht. Die Bedienung brachte ihr ein gekochtes Ei.

Nacheinander kamen die Kolleginnen zum Frühstück.

Eigentlich immer mit dem gleichen Ritual: großes Gequieke und herzliche und spitzbübische Umarmungen und Andeutungen. Allein Ida Lüth saß aufrecht und ein wenig orientierungslos in dieser Gruppe. Dann endlich kam Hannelore Thies und setzte sich zu ihr.

Ida Lüth hielt es kaum noch aus: »Stellen Sie sich vor …!« Der Protest in ihrer Stimme ließ zunächst alle Gespräche verstummen. Doch je länger sie erzählte, desto lauter wurde das Lachen der anderen. »Frau Köhler, sie waren in *dem* Lesbenlokal von ganz Berlin!«

Hannelore nahm sie später bei der Hand. »Wissen Sie was, jetzt tun wir beide einmal so, als wären wir ein lesbisches Paar!« Sie fasste die Hand von Ida Lüth und zog sie lachend über den Ku'damm.

16. Juli
1974

Die Zeit bei der Nitex in Meitze war vorbei! Ida Lüth hatte es gewagt, sich bei Sennheiser in Wennebostel zu bewerben – und wurde genommen. Ihr Motiv, sich trotz möglicher Mängel in der Qualifikation zu bewerben, stimulierte gleichzeitig den Widerstand ihres Mannes, diese Bewerbung mitzutragen. Sennheiser genoss ein hohes Renommee bei der Bevölkerung; denn da wurde hoch spezialisierte Technik produziert und keine Badematten oder Holzschränke. Für Heinz-Werner ein Problem, denn er sah die Gefahr, dass sein Stolz angeknackst werden könnte. Zum Glück lag ihr Gehalt nicht über dem seinen.

Nach einigen Wochen, die sie in der Versandabteilung verbrachte, schlug man ihr vor, eine neue Aufgabe zu übernehmen. Ida Lüth wurde in ein Team versetzt, bei dem die Reklamationen von Hörgeräteträgern aufliefen. Dazu brauchte man wirklich Talent: Verstehen Sie einmal die Klage eines älteren Menschen, dessen technisches Verständnis genau die Größe null hat und der auch noch schlecht hören und deshalb Rückfragen nur sehr ungenau beantworten kann!

Sie fragte den Abteilungsleiter Warneke nach dem Warum. Die Antwort war für Ida Lüth verblüffend: »Wissen Sie, Frau Köhler, Sie können so entwaffnend naiv sein! Ich kenne niemanden, der so große Augen macht, wenn man ihm etwas erklärt, der so fassungslos interessiert ist an den Dingen dieser Welt. Wenn Sie sagen ›Ach, ja? So ist das?‹, dann fällt mir auch nichts mehr ein. Und ich glaube, wenn Sie mit Ihrer Art am Telefon sitzen und einem Anrufer zuhören, dann kommt der sich gut aufgehoben vor, die Aggression sinkt, und wir haben schneller eine Lösung für ein Problem – und einen zufriedeneren Kunden mehr, der gerade eben noch ganz unglücklich war!«

Herbst
1974

Holger studierte in Aachen und hatte seine Freundin in Schwarmstedt besucht. Er wollte nur noch schnell und kurz seine Eltern sehen. Man hatte sich auf einen Besuch zum Tee verabredet. Das Gespräch kurvte vorsichtig um mögliche Gesprächsthemen herum. Jeder am Tisch war so bemüht, nur kein belastetes Thema anzusprechen, sodass der Redefluss eher gehemmt und eine wachsende Spannung zu spüren war.

Völlig unvermutet, ohne Bezug zu dem bisher Gesprochenen, sagte Ida Lüth zu ihrem Sohn: »Wir haben beschlossen, dass die körperliche Liebe ab 50 keine Rolle mehr spielt!« Wortlos saß ihr Mann daneben. Und Holger fragte sich, nicht seine Mutter: »Was soll das? Was will sie damit sagen? Und wem? Mir doch nicht! Was will sie ihrem Mann damit sagen? Kündigt sie etwas auf?« Nachdem Holger sie nur ansah, eine Augenbraue hob, sich nicht äußern wollte, sein Vater nichts sagte, wechselte Ida Lüth unvermittelt erneut das Thema.

Winter
1975

Ida Lüth verstand ihren Mann nicht! Soeben hatten sie erfahren, dass sie zum ersten Mal Großeltern werden würden, und der zukünftige Großvater saß da wie gestraft. »Was ist los? Freust du dich denn nicht?«

»Ich mache mir solche Sorgen, ob das Kind auch gesund zur Welt kommen wird.«

»Aber wieso das denn, Hans-Uwe und Ille sind gesund. Und auch unsere anderen Kinder sind gesund.«

»Das ist ja genau das Problem …«

»Dass unsere Kinder gesund sind?«

»Nein, natürlich nicht. Es ist so, ich hatte noch einen Bruder …«

»Du hast immer von deinem Bruder Gerhard gesprochen und deiner Halbschwester aus Rostock. Wieso erzählst du mir jetzt, dass es da noch einen Bruder gab oder gibt?«

»Mein kleiner Bruder Karl war geistig behindert. Man erzählte uns, es sei eine Erbkrankheit, wie das im Dritten Reich so üblich war. Und ich hatte immer Angst, wenn du sagtest, du erwartest wieder ein Kind, dass diese Erbkrankheit durchbricht. Und genau diese furchtbare Angst habe ich jetzt eben auch wieder!«

Vor Empörung zitterte ihre Stimme: »Du hast mich drei Kinder zur Welt bringen lassen, ohne mir zu sagen, dass es in deiner Familie eine Erbkrankheit gibt?«

»Ich bin ja jedes Mal schier verrückt geworden – und ich wollte es dir ganz zu Anfang sagen, schon damals in Winning – aber letztendlich habe ich mich nicht getraut.«

»Und was für eine Erbkrankheit war das?«

»Karl war mongoloid.«

»Aber das ist doch keine Erbkrankheit – das weiß man doch inzwischen, da ist lediglich ein Chromosom zu viel – schlimm genug – aber keine Erbkrankheit!«

»Die Nazis haben das aber behauptet. Und dann kam irgendwann die Nachricht, dass Karl verstorben ist. Ganz jung, auf einmal, einfach so.«

»Glaubst du das?«

»Nein, ich glaube, sie haben ihn umgebracht ...!«

Pfingsten 1976

Der Karmann Ghia war der ganze Stolz von Heinz-Werner Köhler! Natürlich war darin nur ein klassischer VW-Motor. Aber für ihn war es an sich fast ein Rennauto. Auf wundersame Art vermehrten sich die PS-Zahlen mit jeder Fahrt. Seine Söhne schmunzelten bei seinen Geschwindigkeitsangaben – aber weshalb ihm den Spaß verderben? Ida Lüth war ebenfalls begeistert. Sie wusste, dass sie mit ihrer Mahnung »Heinz, ras nicht so!« genau seinen Stolz kitzelte.

Herbst

1979

Endlich wieder in Südamerika! Gerda Ludwig war so glücklich über ihre Entscheidung, nach Venezuela zu gehen, dass ihr Herz nur so hüpfte. Durch das Goethe-Institut ergab sich die Möglichkeit, mindestens für zwei Jahre hier zu arbeiten. Man hatte sie an einer Schule in Caracas eingesetzt.

Sie genoss ihren Status. Durch ihre blonden Haare und die weiße Haut gehörte sie automatisch zur Elite des Landes. Sie empfand diese Form des gelebten Rassismus als nicht unangemessen. Und dann die Männer! Endlich wieder Machos, die genau wussten, was sich einer Frau gegenüber gehört.

Sie saß in einem Café am Plaza Bolivar und schaute Dominospielern zu, die mit nicht endender Geduld immer wieder ihr Spiel begannen. Sie genoss den Kaffee mit dem Gefühl »Nur hier gibt es den besten Kaffee der Welt!«.

Den Schulunterricht empfand sie als extrem anstrengend. Jetzt am späten Nachmittag freute sie sich auf das Treffen mit ihrer Freundin Kerstin. Als Gerda sie im Gewimmel der Menschen auf sich zulaufen sah, lachte sie ein Lachen, von dem niemand wissen konnte, dass so etwas auch in einem kleinen Dorf in Niedersachsen erklingen konnte.

Natürlich drehte sich das Gespräch um die Venezolaner. Beide waren sich darin einig, dass die Stimmungsschwankungen bei den Einheimischen schon sehr auffällig waren. Es war auch schwer, sich dieser Melancholie zu entziehen.

Gerda Ludwig hatte ein Buch gefunden, das ihr half, eigene Tiefs besser zu ertragen. Sie sagte: »Ich lese gerne in dem Buch ›Muscheln in meiner Hand‹ von Anne Morrow Lindbergh; das ist die Frau des berühmten Ozeanfliegers.

Du, im Klappentext steht ein Satz von der Frau, der hat was mit mir zu tun: ›Ursprünglich schrieb ich diese Seiten nur für mich selbst. Ich wollte meinen eigenen Lebensstil, meinen persönlichen Lebensrhythmus zwischen meiner Arbeit und meinen menschlichen Beziehungen überdenken.‹«

»Ist das der Grund, weshalb du aus Deutschland weggegangen bist?«

»In gewisser Weise weiß ich nicht genau, wo ich hingehöre. Ich bin in Argentinien aufgewachsen, und doch fühle ich mich so sehr als Deutsche, dass meine Mutter sagt, die deutschesten Deutschen kommen wohl aus dem Ausland! Meine Sehnsucht nach Lateinamerika ist ungestillt – wenn ich drüber nachdenke, diese Sehnsucht hat etwas mit dem Licht in der Pampa zu tun. Wer dieses Licht einmal wahrgenommen hat, der kommt davon nicht los. Mein Gott!

Dann habe ich außerdem noch zwei Mütter! Und das ist nicht nur Reichtum. Mein Adoptivvater hat meine Mutter in Argentinien zurückgelassen und ist nach Deutschland gegangen. Und ich bin sicher, bald kommt meine Mami nach, denn die Rentenversicherung in Argentinien ist erbärmlich – und dann habe ich zwei Mütter vor Ort! Und beide sind sehr anstrengend …!«

»Gerda – anstrengend bist du aber auch!«

»Findest du? Auf jeden Fall musste ich erst einmal weg, um Luft zu holen, im Kopf klar zu werden. Weißt du, diese Anne Morrow Lindbergh, die fand in der Einsamkeit der Meeresküste die Muße, dem verborgenen Sinn unseres Daseins nachzuspüren.«

»Von einer einsamen Meeresküste und der Muße sind wir aber ganz schön weit weg!«

Gerda stimmte lachend zu und sagte dann: »Komm, wir

gehen ins Auyama, da gibt es Musik und leckeres Essen – und Caballeros!«

Juni

1980

Gerda Ludwig schrieb an Ida Lüth.

Liebe Mama!
Ja, ich bin froh, in Venezuela gelandet zu sein. Obwohl ich ein wochenlanges Tief hatte. Aber jede Wahrheit hat auch eine 2. Wahrheit – das erfährt man hier. Endlich habe ich Deine Fotos, die Du am 24. April schicktest eingeklebt. Es ist hier wahnsinnig schwer, Bücher zu bekommen. Ich lese immer noch viel. Lateinamerika hat seit Jahrzehnten hervorragende Schriftsteller hervorgebracht, mit denen sich die aktuellen Deutschen nicht messen können! Dein Frühlingsgedicht ist übrigens klasse! Weißt Du, dass man sich auch immer selbst beschreibt? Auch jede Landschaftsbeschreibung immer die eigene Seele widerspiegelt? Das wusste schon Goethe. Ich lese ihn gerade, was für ein genialer Mann! Ich weiß, Papa mag ihn nicht – aber ich bewundere ihn (oder gerade deshalb!) wegen seiner Widersprüche. Vielleicht kommt Papa (Gedankensprung) einmal dahin, dass er begreift, dass jeder seine Meinung vertreten kann, dass es aber falsch ist, bei einer Wahrheit bleiben zu wollen, bei einem Verkünden zu bleiben – stehenzubleiben.

Heinz-Werner Köhler fragte: »Was schreibt sie denn?«

»Es geht ihr gut. Die Bücher sind teuer.«

Bevor sie den Brief in ihre Sammelmappe legte, las sie noch ein Gedicht, das auf der Rückseite des eng beschriebenen Briefes stand:

So ganz und gar nicht nebenbei

Das Glück ist schüchtern von Natur.
Man ruft's nicht laut.
Man winkt ihm nur.

Und suchst Du seine Sympathie
Im Zufallsspiel:
Es kommt fast nie.

Doch tappt das Glück zum Glück für alle,
macht man's geschickt,
in eine Falle,

die kein Jäger ihm gestellt:
sei DU auch DU
wenns NICHT gefällt!

Und hast Du Mut, dann sei auch heiter –
So mit 'nem Schuß Melancholie.
Geh in dich – tiefer dann – und weiter …

Das Glück, es lauscht, es bleibet stehen.
Es wirkt in Dir wie Zauber;
Dann halte es fest und – laß es gehen!

Und wenn es dann gegangen,
so achte auf das Pünktchen LICHT,
das Du Dir eingefangen.

Gerda Ludwig kehrte im August 1981 nach Hannover zurück und arbeitete dort weiter als Lehrerin.

Juli
1981

Es war genug. Ida Lüth war jetzt 60 Jahre alt und entschlossen, in den vorzeitigen Ruhestand zu gehen. Ob sie nun noch fünf weitere Jahren arbeiten würde, hätte keinen so großen Einfluss auf die monatliche Rente, hatte man ihr vorgerechnet. Und sie konnte auch dem Druck immer weniger standhalten. Natürlich wahrte sie die Form. Immer korrekt gekleidet, meistens mit einer Brosche am Revers, immer mit ausreichend Taschentüchern ausgestattet, deren Umrandungen von zierlicher Klöppelarbeit gefasst waren. Ida Lüth war eine vornehme Dame geworden. Im Wohnzimmer stand das Teegeschirr auf einem Teewagen. Dort stand auch ein bronzenes Glöckchen. Doch nach wem sollte sie läuten? Ihr Mann trank Bier.

Man hatte eine kleine Feierstunde eingerichtet, auf der Ida Lüth und weitere Kollegen in den wohlverdienten Ruhestand verabschiedet wurden. Prof. Fritz Sennheiser hielt eine liebevolle Rede, die auch auf seinen eigenen Abschied hinwies, sollte doch sein Sohn Jörg bald die Leitung des Unternehmens ergreifen. »Wissen Sie, meine Damen und Herren Kollegen, man muss aufhören, wenn andere ›schade‹ sagen und nicht ›na, endlich‹!«

Für Ida Lüth hatte man als kleines Abschiedsgeschenk eine Kette aus Elfenbein ausgewählt. »Elfenbein entspricht der Erinnerung, in der Sie uns bleiben werden, Frau Köhler: edel, fein und warm im Kontakt!« Sie himmelte ihren Professor an!

Heinz-Werner Köhler saß während der Feier neben ihr. Natürlich war er stolz auf sein »Häschen«. Aber als das Geschenk überreicht wurde, das tat ihm weh. War es doch genauso auch sein Wunsch, bald in Ehren verabschiedet zu werden. Am liebsten mit einer goldenen Uhr und einer Gravur auf dem Boden. Er hatte bis jetzt doch schon jede Kröte geschluckt, um dieses Ziel zu erreichen.

1983

Für Ida Lüth und ihren Mann war klar, dass sie mit Erreichen der Pensionsgrenze Meitze verlassen würden. Die Idee von Heinz-Werner war, in die kleine Kreisstadt Burgdorf zu ziehen. Er mochte dieses Städtchen mit seinen Fachwerkhäusern im Stadtzentrum. Das blieb nur eine Idee – wahrscheinlich störte sich Ida Lüth am Wort »Dorf« im Städtenamen.

Sie hatten schon einige Male Urlaub in Bad Pyrmont gemacht; und das sollte die Stadt für ihren Altersruhesitz werden. Bad Pyrmont – ein schön klingender Name – fast ein wenig französisch – in jedem Fall aber ein Kurort und mit einem Casino!

Sie fanden eine Wohnung in der Brunnenstraße. Ida Lüth zog bereits im Herbst 1983 von Meitze nach Bad Pyrmont. Endlich war es auch für ihren Mann so weit. Im April 1984 wurde sein Antrag auf vorzeitigen Ruhestand positiv beschieden und seine Arbeitszeit endete endlich. Eine goldene Uhr gab es nicht.

8. Juni
1984

Ida Lüth schreibt an ihre Nichte Karin:

»Meine liebe Karin, vielen Dank für Deinen lieben Kartengruß mit den guten Wünschen für unseren ›Neubeginn‹, wir haben uns sehr gefreut, dass Du an uns gedacht hast. Wir sind mit dem ›Nestbau‹ noch nicht ganz fertig, fühlen uns aber hier schon richtig wohl und möchten nicht eine Stunde zurück nach Meitze, obwohl wir da doch 30 Jahre waren, ich kannte fast jeden Baum und wusste genau, wo gewisse Pflanzen zu finden waren, aber zum Altwerden ist die Gegend nicht geeignet, das Haus zu unpraktisch und das Einkaufen ein Problem. Ein klein wenig Wehmut löste der Abschied vom Garten aus, ich habe das in einem kleinen Gedicht zu sagen versucht:

Abschied von meinem Garten!

Der Frühling kam und die Büsche lachten,
der Rasen grünte, die Tulpen erwachten.
In der Birke saß die Nachtigall –
Ich träumte von dem Jubelschall!
Ich steh' hier als Gärtner, ich muß bald gehen,
schau in die Runde, nur der Wind kann mich sehn.
In meiner Hand einen Becher mit Wein,
da fiel auf den Becher der Sonnenschein
Ich spürte genau, meine Seele ist froh,
leb' wohl lieber Garten und bleibe so.«

April

1985

Ida Lüth liebte die Stadtführungen durch Bad Pyrmont. Sie hörte sich immer wieder die Fakten an, die sich im Laufe der Geschichte angesammelt hatten. Auch die Namen der illustren und historischen Gäste fand sie jedes Mal beeindruckend: Friedrich der Große, die beiden Schwestern Königin Luise von Preußen und Königin Frederike von Hannover, natürlich auch ihr Vater, Karl II. von Mecklenburg-Strelitz. Es waren hier Zar Peter der Große, dann Johann Wolfgang von Goethe, auch Alexander von Humboldt machte Station, aber auch Heinz Erhardt und Grete Weiser, zwei Publikumslieblinge. Ida Lüth kannte jedes Haus, in dem diese Gäste gewohnt hatten. Und sie hatte nicht selten das Gefühl einer stillen Übereinkunft zwischen ihr und den historischen Gästen – man gehörte zusammen.

Ida Lüth stellte sich zu der Gruppe der Kurgäste, die auf die Stadtführung warteten. Sie kannte die meisten Stadtführer, und sie war gespannt, wer heute die Runde machte. Doch überraschenderweise kam ein junger Mann der Kurverwaltung und verkündete, dass die Führung wegen plötzlicher Erkrankung ausfallen werde. In den Gesichtern der Kurgäste war die Enttäuschung deutlich abzulesen.

»Aber ich könnte doch …?« Es klang nicht sehr mutig, doch die zustimmenden Blicke der Kurgäste ließen sie weiterreden: »Ich habe diese Führung schon einige Male mitgemacht. Ich glaube, ich könnte Ihnen eine Menge über unser schönes Bad Pyrmont erzählen!«

»Das wäre sehr nett, wenn Sie uns aus der Verlegenheit helfen …« Und schon war er weg, der junge Mann.

Ida Lüth begann mit ihrer ersten Stadtführung. Sie berichtete von den Römern und Germanen, die schon damals von den Heilquellen wussten. Eine emaillierte Schöpfkelle diente als Beweis, die bei Bauarbeiten 1863 bei der Brodelquelle entdeckt wurde. Sie erzählte von der ersten urkundlichen Erwähnung, das war im Jahr 1184, also genau vor 801 Jahren! Wie alle Kurgäste, so wollten auch diese den Ursprung des Namens wissen.

»Wissen Sie«, so führte Ida Lüth ihre Geschichte weiter aus, »der damalige Erzbischof von Köln, Philipp von Heinsberg, ließ hier auf dem Schellenberg eine Burg errichten und nannte sie *petri mons* – also Petersberg. Es wäre aber auch möglich, dass das Wort *piremont* eine Rolle gespielt hat. Im Mittelalter wurde ein kleines Wasserschloss gebaut und ein einziges Haus am sogenannten *Heiligenborn*. Mehr Pyrmont gab es noch nicht. Und stellen Sie sich vor: 1556 bis 57 kamen über 10 000 Menschen aus ganz Europa hierher, um Heilung in den wundertätigen Quellen zu finden!«

Sie führte die Gruppe durch die Brunnenstraße hinüber in den Kurpark. Mit Geduld erklärte sie jedes Detail und beantwortete jede Frage. Man hörte den Stolz in ihrer Stimme, als hätte sie selber die größte Palmenfreianlage Nordeuropas angepflanzt!

Ida Lüth kam völlig aufgekratzt nach Hause. »Heinz-Werner, stell dir vor …!« Sie hatte ein neues Feld entdeckt, etwas, was ihr Freude machen würde, wo ihr Talent, gefühlvoll zu erzählen, hervorbrach. Am nächsten Tag ging sie zur Kurverwaltung, um sich als Stadtführerin zu bewerben. Es sollte der Beginn einer ganz ungewöhnlichen Entwicklung werden.

November
1985

Der Büroleiter der Kurverwaltung rückte mit seinem Anliegen raus:

»Liebe Frau Köhler – also, ich weiß selber nicht, wie wir damit umgehen sollen – jedenfalls fragt die Rheumaklinik an, ob wir eine Stadtführung machen können …«

»Ja?«

»Jaa, doch da gibt es ein Problem: Die Herrschaften sind alle gehbehindert! Wie wollen Sie damit eine Stadtführung machen?«

»Sie haben natürlich recht, ein paar Stufen im Park – und schon geht nichts mehr.«

»Schade!«

»Doch – es gäbe eine Möglichkeit: Ich könnte in die Rheumaklinik gehen und dort eine Stadtführung erzählen!«

Und genauso wurde es gemacht. Ida Lüth erzählte den interessierten Patienten in der Klinik von der Stadt Bad Pyrmont. Zeit hatten die Patienten genügend, sodass sie sich auch in ihren Erzählungen Zeit lassen konnte. Die Zustimmung in den Gesichtern der Patienten ermunterte Ida Lüth, noch ausführlicher als sonst zu sprechen. Endlich hatte sie ein Publikum, das wirklich an ihren Lippen hing. Und die Patienten waren so dankbar; denn sie hätten nie eine Chance gehabt, den Ort zu Fuß oder allein näher kennenzulernen.

2. März

1986

»Man schenkt seiner Mutter keinen Blumentopf zum Geburtstag!«

Was war denn jetzt passiert? Ida Lüths ältester Sohn war am frühen Morgen, nach der Feier seines 38. Geburtstages, im Allgäu losgefahren, um am Geburtstag seiner Mutter in Bad Pyrmont zu sein. Dort angekommen, kaufte er in einer Gärtnerei eine Hortensie. Ida Lüths Sohn stellte sich vor, dass die sich noch öffnenden Blütendolden und das kräftige Grün einen schönen Schmuck in der Wohnung seiner Eltern abgeben könnten.

Und jetzt diese Entrüstung. Heinz-Werner Köhler tröstete seine Frau mit dem Satz: »Aber mein Hase …«

Die Klinik hatte einen Blumengruß geschickt, der Bürgermeister hatte ihr einen Brief geschrieben, die »Pyrmonter Nachrichten« verfassten eine kleine Meldung, und von einigen Zuhörern hatte sie ebenfalls Post bekommen. Das alles machte Ida Lüth deutlich, dass sie jemand war und dass man auch wusste, was man an ihr hatte. Wieso kam ihr ältester Sohn jetzt mit einem Blumentopf? Und dann noch seine Begründung!

»Ich fahre durch das ganze Land und du beklagst dich darüber, dass ich dir eine Pflanze schenke, die blühen wird, an der du Freude haben kannst …!«

»Ich habe Geburtstag und erwarte, dass man mir dann auch Blumen schenkt!«

»Von einer Pflanze hast du doch viel länger …!«

»Es geht nicht um die Haltbarkeit! Ich bin deine Mutter und werde heute 65. Und ich erwarte von meinem ältesten Sohn, dass er mir einen Blumenstrauß schenkt – so wie dein Bruder Holger – und keinen Blumentopf!«

»Deine Mutter will doch nur ...« Sein Vater klang so hoffnungslos.

Sie ging in die Küche, um Kaffee zu kochen. Zu dem Kaffee gab es als Geburtstagskuchen einen Zitronensandkuchen von Bahlsen.

»Mama, hast du den selber gekauft?« Sie merkte, dass ihr ältester Sohn sauer war. »Wieso fragst du, er ist schön saftig.«

»Erinnerst du dich noch an unsere allerersten Geburtstage? Damals machtest du zu besonders feierlichen Anlässen einen Kalten Hund.«

»Wir hatten ja nichts, niemand hatte was. Wir hatten kein Geld.«

»Darum geht es mir nicht; du hast damals aus Bahlsenkeksen und Schokolade einen Kuchen gemacht – Schicht für Schicht. Ich erinnere mich noch, dass das lange dauerte und mühsam war. Aber ich erinnere mich gerne daran, weil du das für uns Kinder gerne gemacht hast!«

»Hans-Uwe, wir haben heute andere Zeiten.«

»Wahrscheinlich hast du recht – ich muss weiter nach Dortmund.«

4. März 1986

Der Vater Köhler schreibt seinen drei Söhnen einen Brief.

Lieber Junge

Ich fang mal hier ganz oben an, da ich nicht weiß wie viel ich schreiben werde. ist das bloß lange her, dass ich Dir oder Euch geschrieben habe, Mama ist nicht hier und so muß ich mal was richtig stellen was ja seit Mamas Geburtstag hier im Raum steht. Mama sagt immer, dass zwischen Dir und ihr alles in Ordnung ist, ich hoffe es sehr wenn nicht komm zu mir, Mama hat wirklich immer gesagt, Hans-Uwe gehört nun Ille da haben wir nicht mehr mitzureden, wir saßen manchmal so da und sagten, nun haben wir so tüchtige Kinder und dürfen nicht mal da was zu sagen, an Mamas Geburtstag passierte nicht nur das mit Dir und ihr, sondern Joachim rief abends an, ganz lange hat er gesprochen, ich war leider nicht ganz nüchtern. Joachim hat Mama da ganz lange und ganz viel gesagt, Du musst das ja nicht alles wissen, es geht da um Mamas Namen, sie heißt wirklich Ida-Christine, ich mochte das nicht und habe ganz ohne Mamas Wissen oder Zustimmung das so geändert in Ika-Kristine, Mama hat mich gebeten wer weiß wie oft, sag es den Kindern, aber feige habe ich mich verhalten und genau nichts gesagt, also noch einmal ohne Mamas wissen, es hinterher richtig zu stellen ist gar nicht mal so leicht, aber Mama hat hier auf der Bank und bei der Gemeinde alles so gemacht wie sie es haben will, nur das seht Ihr ja nicht. Ich habe für die Märchenstunden Plakate gemalt wieder Kristine, Mama ist darüber fast erschrocken aber ich habe es gemacht und es bleibt so. Mama hat bei Sennheiser nicht aufgehört weil ich krank war, ich hatte soviel getrunken das ich nicht mehr die Treppe in Meitze runter kam, Mama hat immer den Mund gehalten, ich wollte nicht gerne, dass etwas nach Großburgwedel kam. Dr. Böhmeke hat dann geholfen so gut es ging musste aber auch Mama behandeln, welch wunder, sie war ja völlig am ende. Frau Dr. Böhm. hat sich dann mal richtig Zeit genommen, da hatte ich schon aufgehört zu trinken, und da muß dann die Suggestivformel – nun trinkt er nicht mehr – entstanden sein, Mama wollte niemandem wehe tun, sondern meinte das sei ein Lob für mich und Euch und eine Stütze für sie, jedenfalls wurde nie etwas richtig besprochen bei uns, es war verkehrt, ich habe das mit dem Namen gemacht, ich habe noch anderes geschwindelt, weiß selbst nicht mehr warum und was, aber das Mama nur so herhalten muß ist ein Jammer. Aus dem ganzen ist eine Schocklähmung im Fuß entstanden die aber fast behoben ist, im Oktober kommt noch ein Eutonie-Kursus und denn wollen wir mal hoffen das wir besser zurecht kommen, ich musste doch mal alles richtig biegen, ich kann nicht mehr tun als sagen, wenn jemand gelogen hat dann ich und leider ja auch getrunken und wenn jetzt Eure Frage kommt warum hat Mama nichts gesagt, sie wollte mich einfach nicht blamieren und um noch den letzten Rest zu bereinigen, ich habe gesagt sie soll nicht kochen und backen, wenn ihr kommt gehen wir essen, wir haben doch ganz viel verschenkt, hier ist doch alles so klein, die Hälfte vom Hutschenreuther-Esservice hat Holger, um mal die Sache mit dem Geld zu klären, hier sind 1000 Mark Unkosten mit Sparvertrag, bleiben 1700 Mark übrig, davon leben wir hier gut, aber hätte Mama keine Rente, könnten wir hier gar nicht wohnen, wer noch fragen hat soll zu mir kommen, lasst die Mama man zufrieden.

Herzlichst Papa

5. März
1986

An diesem Tag schreibt auch Ida Lüth an ihre drei Söhne einen Brief mit dem handschriftlichen Hinweis: *Papa kennt den Inhalt dieses Briefes nicht.*

Ihr Brief beginnt mit der folgenden Zeile: *Meine lieben Kinder, ihr glaubt nicht, wie ungerne ich diesen Brief schreibe …* Es dreht sich auch in ihrem Brief um das so empfundene Drama mit ihrem Namen. Immer wieder klingt der Selbstvorwurf durch, nichts gesagt zu haben. In diesem Brief schreibt sie, dass sie sich *seit vielen, vielen Jahren, seit 1954 schutzlos fühlt;* und dann folgt sofort der Hinweis: *Vater 1947 verstorben.* Sie weist noch einmal darauf hin, dass sie glaubt, dass dieses Namensdrama oder die mögliche Aufarbeitung ihre Ehe gefährden würde. Sie schreibt abschließend: *Gerda bekommt diesen Brief nicht, sie ist im Bilde, nennt mich auf Papas Wunsch hin Ika.*

Beide Briefe hinterlassen bei den drei Söhnen nur Erstaunen. Ist denn bis jetzt nur etwas oder alles geklärt?

Im Empfinden bleibt ein eigenartiges schwarzes Loch. Beide Eltern wissen um einen schmerzhaften Vorgang, von einer Verletzung, von Irrtümern und Selbstvorwürfen. Doch diese Briefe und dann folgende Gespräche führen in keine offene Gesprächsform, sondern betonieren ein »Weiter so«, weil über das Gewesene nicht offen gesprochen werden soll.

Erreicht wird ein Erstickungstod im familiären Miteinander.

Ende März
1989

Heinz-Werner Köhler ist sehr krank. Seine Darmwände sind wie mit einer Art Lehmschicht verklebt, was zur Folge hat, dass er sich immer schwerer ernähren kann. Er wird schwächer und zum Pflegefall.

Ida Lüth öffnet auf das Klingeln hin die Wohnungstür. Vor ihr steht ein Mann, Mitte 40, kräftige Figur, und eröffnet ihr, ohne sich weiter vorzustellen: »Guten Tag, Frau Köhler! Ich bin gekommen, um Ihren Mann zu pflegen.«

»Ich habe niemanden bestellt. Wer schickt Sie?«

»Ich komme aus eigenem Entschluss.«

»Kannten Sie meinen Mann?«

»Nein, nicht persönlich. Andere erzählten von ihm.«

Die Haut und der ganze Körper waren so schmerzempfindlich, dass Ida Lüth ihm eine superleichte Decke kauft, die ihn wärmen soll. Sie schreibt auf die Rechnung dieser Decke eine Schreibmaschinennotiz: *»Wenn Ihr diese Decke findet, dann sollt Ihr wissen, dass sie sehr teuer war. Wenn Ihr sie nicht wollt, dann verschenkt sie bitte und schmeißt sie nicht weg.«*

Tatsächlich kommt der Pfleger etwa vier Wochen lang täglich vorbei, um Ida Lüth bei ihrer Pflege zu unterstützen. Doch dann entscheidet der Hausarzt, dass die weitere Betreuung im Krankenhaus erfolgen muss.

Anfang
Mai
1989

»Der Papa wird sterben. Nur niemand weiß, wann.« Ida Lüth teilte das ihren Kindern sehr sachlich mit; kein Zittern in ihrer Stimme.

Hans-Uwe fährt nach einem Vortrag in Hamburg und eigentlich auf dem Weg nach Bremen zu seinen Eltern nach Bad Pyrmont. Er sucht Ida Lüth auf. Sie bemängelt, dass er ihr keine Blumen mitgebracht hat.

Nach einem Kaffee gehen beide in das nahe Krankenhaus. Ihr Sohn bietet Ida Lüth seinen Arm, und sie hakt sich bei ihm ein. Ihr Griff ist wie ein Schraubstock. Der ganze Körper dieser Frau ist erstarrt und zieht ihren Sohn mit seinem Gewicht nach unten. So läuft eine Trauernde.

Das Gefühl, heruntergezogen zu werden, löst bei ihrem Sohn den Reflex aus, jetzt erst recht besonders aufrecht gehen zu wollen; bloß nicht schwach werden oder gar nachgeben: »Du musst als Ältester die Verantwortung übernehmen und hier Stärke zeigen!«

Es ist ein stummer Kampf zwischen den beiden.

Ida Lüth lässt ihrem Sohn den Vortritt in das Zimmer. Der Vater liegt auf der Seite, mit dem Rücken zur Tür. Durch das Geräusch aufgeweckt, dreht er sich um, sieht seinen ältesten Sohn und erschrickt. Sein Blick ist wie ein Schrei! Es ist weniger die Angst als vielmehr die Gewissheit: Wenn der älteste Sohn kommt, dann wird bald gestorben.

Es folgt kein Gespräch, allenfalls Fetzen, die bagatellisieren sollen. »… war in der Gegend, mal sehen, wie es euch beiden so geht ...!« Quatsch. Lüge. Warum kann man in so einer Situation nicht sagen, dass man Abschied nehmen muss?

Ida Lüth zupft an der Decke, macht Routinegriffe, räumt auf dem Nachtschränkchen rum, lässt die beiden aber nicht allein. Der Sohn beobachtet, dass sich das ganze Tun des Vaters nur noch um das Stillen des Durstes und das Schlafen dreht. Wie so typisch in dieser Familie, wird über das Naheliegende oder Unvermeidbare nicht gesprochen.

Nach kurzer Zeit ist der Krankenbesuch zu Ende. Der Sohn gibt dem Vater einen Kuss: »Bis bald, Papa!« »Mach's gut, mein Junge.«

Am 15. Mai 1989 stirbt Heinz-Werner Köhler um 20.30 Uhr. Sein ältester Sohn nimmt Abschied von seinem Vater auf Mesa Verde in Arizona mit der Musik von Enya.

12. Juni
1989

Zur Urnenbeisetzung traf sich noch einmal die gesamte Familie. Ida Lüth zeigte ihren Kindern ein paar persönliche Dinge, dann auch die Zeitung mit der Todesanzeige. Und da stand doch tatsächlich als Beruf »Maschinenbauingenieur« unter seinem Namen. »Aber Mama, das stimmt doch nicht. Papa war Maschinenschlosser!«

»Ja? Ich weiß nicht. Papa hat immer so gesprochen, als wäre er ein Ingenieur! In jedem Fall hätt's ihm gefallen!«

Als sie dann gemeinsam auf dem Friedhof ankamen, sahen alle die kleine Grabplatte. »Ehepaar Köhler«, das war alles! Kein Vorname, kein Geburts- oder Sterbedatum. Warum nicht gleich ein anonymes Grab? Wieso straft sie ihren Mann so? Es war ihm so wichtig, gekannt, genannt, bemerkt und wahrgenommen zu werden. Er trug Orden, ja, er schmückte sich gerne mit Federn, und es war ihm auch egal, wer genau der Vogel war, von dem er sie stahl. Aber fast namenlos beerdigt?

April
1990

Kristina Köhler, die älteste Tochter von Ille und Hans-Uwe, feiert ihre Konfirmation. Ihr war die Einmaligkeit dieses Festes durchaus bewusst – und sie genoss es einfach, der Mittelpunkt der Familie zu sein! Doch was war mit Ida Lüth?

Schon bei der Ankunft beklagt sie, dass kein stilles Wasser da sei. Also dreht sie einen kleinen silbernen Quirl so lange in ihrem Wasserglas hin und her, bis sich keine Bläschen mehr bilden. Sie verlangt ihr Essen vor dem Festessen – Kartoffeln und Quark, weil der Magen doch sehr empfindlich geworden sei! Während des Festessens sitzt sie auf der Terrasse und starrt in den Garten – kein Blick für die Festtafel. Natürlich versucht ihr ältester Sohn zu intervenieren, doch ohne Erfolg. Ihre Schwiegertochter stellt sie zur Rede: »Ich lasse nicht zu, dass du Kristina den Tag verdirbst! Wenn das deine Absicht ist, dann kannst du abreisen!«

Zum Erstaunen aller erscheint Ida Lüth zur Nachspeise und isst diese mit größtem Vergnügen; es gibt Tiramisu.

Früh-
sommer
1990

Holger Köhler war erst wenige Minuten bei Ida Lüth, da kriegte er schon keine Luft mehr. Der Raum war gefüllt mit einer Spannung, die nur durch ein Gespräch, ach was, nur noch durch ganz viele und vor allem grundsätzliche Gespräche aufzulösen gewesen wäre. Aber wo anfangen? Seine eigene Ausbildung stand ihm im Weg. Er wusste genau, wie ein solches Gespräch laufen würde, und er wusste auch um die Konsequenzen. Dieser Prozess wäre so schmerzlich und langwierig – und er hatte nicht den Mut zu beginnen, um dann, nach vielleicht einer Stunde, zu fahren.

Er machte den Vorschlag, doch ein wenig spazieren zu gehen. So erschien ihm die Spannung zwischen Ida Lüth und sich noch am leichtesten zu ertragen. »Dann lass uns zur Luisenquelle gehen!«

Wie üblich hakte sich Ida Lüth bei ihrem Sohn ein. Nach vielleicht 200 Metern fiel ihm auf, dass sie nicht über die Brunnenstraße gingen, sondern über kleine Parallelstraßen. Er fand das eigenartig, zumindest jedoch untypisch.

»Wieso gehen wir diesen Weg?«

»Ich möchte heute niemandem begegnen.«

»Aber mich kennt doch niemand …!«

»… aber mich!«

»Und was ist an mir?« Natürlich wusste Holger, was an ihm war. Er hatte eine Haartracht, die wegen ihrer Länge schon gewöhnungsbedürftig war. Und dann der Bart: ein Rundumgezottel, ungeschnitten und wenig attraktiv.

»Wenn wir jemanden treffen, dann muss ich dich vorstellen.«

»Und? Ein Problem?«

»Ich habe immer erzählt, dass du ein Oberstudienrat bist!«

»Ich *bin* Oberstudienrat …!«

»Das ist jetzt auch egal – jedenfalls siehst du nicht wie ein Oberstudienrat aus!«

»Du leidest darunter, wie ich aussehe?«

Wieder war sie in diese Falle getappt, eine Figur aufzubauen, die einfach nicht der Wirklichkeit entsprach.

16. November

1990

Ida Lüth sortiert und sammelt sich. Sie findet den Beleg für eine Decke mit Bettwäsche, die sie für ihren Mann kaufte, weil dieser immer empfindlicher wurde.

Jetzt, anderthalb Jahre nach seinem Tod, schreibt sie in ihrer typischen Schreibmaschinenart auf den unteren Teil der Quittung:

16.11.1990
Diese teure Decke habe ich noch für Papa gekauft, er war ja so empfindlich wie ein Baby, ich musste den teuren Bezug dazu nehmen sonst wäre alles so schwer geworden, ich habe dieses Zudeckbett mit Bezug jetzt in meinem Bett, da ich ja nicht weiß wie lange ich lebe, schreibe ich das hier mal auf, damit Ihr so was nicht einfach wegtut, kann doch gereinigt werden, Bezug waschen und jemandem schenken, wenn Ihr es nicht haben wollt

1992

Was für einen eigenartigen Brief hielt sie da in Händen. Gerda Ludwig schrieb an Ida Lüth:

Liebe Mama! Unsere letzten Telefonate waren nicht sehr schön für mich. Du erwartest ständig, dass ich gerne anrufe, oder Du glaubst, ich freue mich über jeden Anruf von Dir. Beides ist nicht so.

Ich war jetzt auf einem hoch interessanten Seminar über die heilende Kraft und Wirkung von Hexen! Zum ersten Mal fühlte ich mich in einer Sache wirklich verstanden. Jetzt kenne ich auch meine Rolle als Frau und ich habe die wunderbare Kraft gespürt, die in uns allen ruht, wenn wir uns zu unserer Vergangenheit bekennen. So durfte ich entdecken, dass ich eine wiedergeborene Prinzessin bin, die in früherer Zeit bereits in Ägypten lebte. Das war jedoch nicht die einzige Station in meinem schon so lange gehenden Leben.

Ich weiß jetzt, welche Kraft in mir steckt. Deshalb werde ich Dir die Energie senden, wenn ich möchte, dass Du mich anrufst. Warte also bitte, bis ich Dir diesen Befehl sende!

Ida Lüth war fassungslos, und in ihrem gläsernen Gesicht machte sich absolute Ratlosigkeit breit. Sie fragte ihren ältesten Sohn nach dessen Meinung. »Gerda spinnt!« Ungläubiges Zurückfragen: »Ja? Meinst du wirklich?«

17. Februar

1994

Ida Lüth saß auf einem kleinen Hocker direkt neben dem Telefon. Sie wartete. Sie saß in diesem kleinen Flur neben dem Telefon und wartete, dass sie endlich jemand anrief! In ihr machte sich Verzweiflung breit. War es wirklich so, dass an diesem Vormittag kein Mensch sich an sie erinnerte und sie anrufen wollte? Sie hatte ein kleines Taschentuch in ihrer Hand zerknüllt und blickte einfach geradeaus. Und tatsächlich klingelte der Telefonapparat. Sie hob ab und meldete sich mit ihrem Familiennamen »Köhler?«, wobei sie dieses Wort ganz eigenartig, aber wie gewohnt als Frage aussprach.

Es meldete sich ihr ältester Sohn: »Hallo – hier ist Hans-Uwe. Ich wollte dich nur schnell anrufen. Wie geht es dir?«

Schluchzend kam die Antwort: »Nicht gut – ich bin so traurig!«

»Was ist los?«

»Hans-Uwe, ich habe keine Stilmöbel!«

Sie hörte, dass ihr Sohn wohl nachdachte, auf jeden Fall entstand eine längere Pause, in der sie nur ein Fahrgeräusch hörte.

»Mama, deshalb ist man doch nicht traurig!«

»Aber es ist doch so, wenn ich mir den Wohnzimmertisch ansehe, dann finde ich, dass da deutsche Stilmöbel hingehören. Und ich habe keine. Und das macht mich traurig.«

»Mama, das kann ich jetzt auch nicht ändern.«

»Du verstehst mich nicht!«

Anfang März
1994

Was für ein eigenartiges Seminar! Ida Lüth hatte in der Volkshochschule eine Veranstaltung entdeckt, deren Programmtitel sie sehr interessierte: »Der Troll in uns – das Märchen als Metapher zur Persönlichkeitsfindung«. Nun saß sie hier in dieser Runde und stellte doch fest, dass es weniger um Märchen als vielmehr um die jeweilige Persönlichkeit der hier Anwesenden ging.

»Und was hat Sie bewogen, in dieses Seminar zu kommen?«

»Ich lese und erzähle gerne Märchen!«

»Und wie fühlen Sie sich, wenn Sie Ihren Mitmenschen Märchen erzählen?«

»Gut, die Leute mögen das.«

»Welche Rolle oder Figur ist denn Ihre Lieblingsfigur?«

»Ich habe keine Lieblingsfigur – das ist ja auch vielmehr abhängig vom Märchen und vom Anlass.«

»Wie würden Sie sich denn selbst bezeichnen?«

Ida Lüth lachte und sagte: »Ich bin doch die Märchentante!«

»Ich meine jetzt nicht Ihre Rolle als Märchenerzählerin, ich meine, welche Rolle Sie zum Beispiel in einem Märchen gerne spielen würden?«

Ida Lüth verstand die Seminarleiterinnen nicht. Was wollten diese Frauen von ihr? Dieses Nachfragen, gepaart mit dem fordernden Schweigen: »Lassen Sie sich Zeit, überlegen Sie sich Ihre Antworten.«

Ihr wurde immer deutlicher, dass es hier keineswegs um Märchenerzählungen ging oder um einen Bezug zwischen Märchenfigur und Erzählern. Es ging um sie – um ihre Persönlichkeit und um ihr Leben. Sie spürte langsam eine

Gefahr, die von dem dünnen Eis ihrer selbst konstruierten Geschichten ausging.

Ida Lüth verstummte.

Sie hörte sich voller Erstaunen die Erzählungen der anderen Teilnehmer an, die durch das Nachfragen der Seminarleiterinnen immer tiefer in ihre eigenen Märchen geführt wurden.

Wieder fragte die Seminarleiterin nach: »Sie haben die ganze Zeit still zugehört. Haben Sie eine Spur zu Ihren eigenen Märchen gefunden?«

»Wissen Sie, ich komme aus einem kleinen Dorf, ich bin ohne Mutter groß geworden, ich dachte immer, ich sei eine Prinzessin, die fliegen könne. Ich hatte immer gehofft, dass mein Leben schön werden würde, wenn ich nur alles Unschöne von mir fernhielte. Ich hatte einmal eine Wahrsagerin gefragt, und ich glaube, die sagte mir einen großen Geldgewinn voraus …«

»… ist es dazu gekommen?«

»… nein, ich spiele noch heute – Woche für Woche!«

»Nun muss ja ein Lottogewinn nicht das große Glück bedeuten.«

»Doch, ich finde, dass Geld ein sehr großes Glück sein kann – und davon hatten wir immer zu wenig.«

»Braucht man in den Märchen, in denen Sie leben, Geld, um glücklich zu sein?«

»In Märchen geht es doch häufig um Armut und dass sich dann alles zum Besseren wendet. Und ich erhoffte, dass sich das auch eines Tages bei meinem Schicksal erfüllen würde. Mich hat dieser fehlende Reichtum ganz krank gemacht. Weil ich mir so sehr wünschte, fliegen zu können, dachte ich, das Schicksal sendet mir ein Zeichen, als ich meinen Mann traf, der Flieger war. Jetzt hielt ich auch Märchen für möglich. Aber ich wusste nicht, dass sie so ungerecht sind!«

»Was meinen Sie mit ungerecht?«

»Man darf das Geschehen in einem Märchen sich nicht selber überlassen. Deshalb treten doch ständig Zauberer und Feen auf, um einzugreifen.«

»War das in Ihrem Leben auch so? Hofften Sie auf Zauberer und Feen, die eingreifen?«

»Ja, manchmal frage ich mich schon, weshalb sich in meinem Leben diese Figuren nicht zeigen. Es muss sie schließlich geben. Und dann denke ich, wenn die Wünsche in meinem Leben nicht in Erfüllung gehen und dann auch nicht in meinen Märchen, dann war das alles womöglich umsonst. Ich habe so sehr eingegriffen, weil ich glaubte, dass man durch das Ausschalten des Schlechten Platz für Feen schafft. Aber das war wohl alles falsch …«

Das sollte alles falsch gewesen sein? Das Ausschalten des Fernsehers, nur weil man die Nachrichten der Tagesschau nicht mochte? Das Vergessen oder Verdrängen von Geschehnissen, die weit zurücklagen? Das Unterbinden von Diskussionen und Fragen?

Tränen flossen zur Genüge. Nicht bei Ida Lüth. Ganz schmal war sie geworden. Sie saß stumm da und betrachtete mit abwesendem Blick ihre leeren Hände.

22. März
1994

Ida Lüth schrieb ihrem Sohn Holger einen Brief. Sie schrieb:

Lieber Holger,
vielen Dank noch einmal für den schönen Strauß zum Geburtstag, ein paar rote Nelken habe ich mitnehmen können, die waren sehr schön, hielten hier auch noch ein paar Tage, der ganze Strauß, wie Du siehst, war schön, ich danke und sende liebe Grüße, viel Freude am »Nestbau«
herzlichst Deine Mama!

Auf den freien Platz über dem Text klebte sie ein Foto von sich mit diesem Strauß. Dann faltete sie den Brief in der Quermitte so zusammen, dass das Foto obenauf lag, den Text klappte sie auf die Rückseite und die beiden seitlichen Bogenteile legte sie nach vorne über das Foto. Das ganze Gebilde sah aus wie eine Ikone oder ein kleiner Altar.

24. März
1994

»Bist du gekommen, um mich zu holen?«

»Wie kommst du darauf? Ich komme, um dich zu besuchen.«

Voller Angst in Stimme und Blick wiederholt Ida Lüth, dass sie glaubt, ihr ältester Sohn will sie ins Allgäu holen.

»Mama, du musst keine Angst haben! Niemand zwingt dich irgendwo hin. Ille und ich haben allerdings tatsächlich schon häufiger überlegt, ob es für dich besser wäre, wenn du in einer Seniorenwohnung in Kempten leben würdest. Du wärest dichter bei deiner Familie, wir könnten dich schneller besuchen, und auch deine Enkelkinder könnten sich um ihre Omi kümmern.«

Was war nur mit Ida Lüth los? Aus ihrer völligen Erstarrung, die sie in den letzten Monaten an den Tag gelegt hatte, war nun eine spürbare Verunsicherung geworden.

Sie scheint über zwei Dinge nicht reden zu können: Wieso erzählt sie ihrem Sohn nicht, dass sich Gerda Ludwig bemüht, in Hannover eine Möglichkeit des Zusammenlebens zu finden? Und wieso erzählt sie Gerda nichts von den umgekehrten Bemühungen des Bruders?

Auf die Frage »Was war denn das für ein Seminar, auf dem du warst?« kommt die wenig überraschende Antwort: »Da möchte ich nicht drüber reden.«

Wieder dieses Abblocken. Das geht jetzt schon seit Jahren so. Beide schweigen. Minutenlang. Dann sagt Ida Lüth: »Ich habe schon einmal daran gedacht, mir das Leben zu nehmen …«

»… Mama …!«

»… ich habe wirklich schon überlegt, ob ich mich an der Gardinenstange über der Balkontür erhängen soll … – aber ich weiß ja gar nicht, wie das geht!« Sie zeigt ihrem Sohn die Stelle und beendet diesen Satz mit einem fast entschuldigenden Lächeln.

26. März
1994

An diesem Samstag setzte sich Ida Lüth an ihre Schreibmaschine, legte ein einfaches Blatt ein und schrieb:

So lebt denn alle wohl!
Gott hat mich nicht gerufen, ich wage

den Weg also so; ob solches erlaubt ist, bezweifle ich sehr, wenn gebetet werden darf, ich möchte eine Einäscherung, meine Urne neben Papa, singt doch bitte das Lied,
»Wo findet die Seele die Heimat die Ruh,
wer deckt sie mit schützenden Fittichen zu,
ruh-ruh-ruh- himmlische Ruhe, ich denke
Herr Pastor Block oder wer auch die letzten Worte sagen darf und wird kennt dieses Lied, welches ich so sehr wünsche, bestimmt.
Einen großen Dank an Frau Winkler, alle, alle, ich kann nicht alle nennen ich bin so schwach, liebe, liebe Frau Tade versuchen Sie mit mir in Verbindung zu kommen.

Hans-Uwe wolltest Du mir eine Freude machen oder wolltest Du mich fertig machen, letzteres ist Dir gut gelungen.

Auch ich habe vom 10. Lebensjahr an arbeiten müssen, meine Brüder hatten tb
ohne Mutter groß zu werden ist entsetz–lich
aber auch, obwohl Kinder da sind, nicht Mutter sein zu können war für mich einfach schlimm, immer für Geld sorgen zu müssen, es war zuviel!

allen, allen großen Dank, denen ich Dank schulde, bitte, bitte wer beten kann, soll es doch für mich tun, Vielleicht nimmt Gottvater mich auf!

Gegen 18.00 Uhr wählt Ida Lüth den Freitod.

Zur Orientierung

Alle Personen haben existiert oder leben noch. Die Namen wurden jedoch dann verändert, wenn darum gebeten wurde oder jemand geschützt werden sollte. Texte, die *kursiv* gesetzt sind, existieren als Original.

Alle Ereignisse haben tatsächlich stattgefunden. Wenn die Daten ganz präzise sind, dann ist das geschilderte Ereignis auch dokumentiert. Ist das Datum eher weich, wie zum Beispiel »Sommer«, dann handelt es sich um eine freie Erzählung, die durch eine Erinnerung belegt ist, oder aber frei geschildert wird, um den Lauf der Geschichte zu stützen.